最新版

経験ゼロでも
ムリなく稼げる!

小さな不動産屋のはじめ方

松村 保誠
Yasusei Matsumura

同文舘出版

はじめに

私はこれまで多くの方に不動産屋で独立・開業することをすすめてきました。

理由はズバリ、**不動産屋は独立・開業がとてもしやすいビジネス**だからです。

ところが、私がおすすめすると、多くの方が最初は「そんなこと、とんでもない！」とおっしゃいます。なぜなら、みなさんが不動産屋で独立・開業することに対して誤ったイメージを持たれているからです。

あなたも不動産屋で独立・開業することについて、こんなイメージを持っていませんか？

- **不動産の業界は景気が悪く、今はどうやっても儲からない**
- **特別な知識や経験がないとできない**
- **業界内にそれなりの人脈がないとできない**
- **独立・開業するのに非常にお金がかかる**
- **独立して失敗でもしたら、とてつもない金額の借金が残る**

いかがでしょうか？　多くの方がこの中のいずれかの、人によってはすべてのイメージを持たれていることと思います。

しかし、これらのイメージは単なる誤解に過ぎません。

不動産屋は、

- 他の業界から比べれば、工夫次第でまだまだ儲けやすい
- 特別な知識や経験がなくてもはじめることができる
- 業界内の人脈などなくてもできる
- 他業種から比べれば、独立・開業するのにお金がかからない
- 独立して失敗しても、ほとんど借金なんて残らない（業態による）

という非常に魅力的なビジネスなのです。

実際、私自身も知識や経験こそあったものの、業界内に人脈などなく、お金も全くない（住宅ローンという借金だけはありました）という状況の中で独立し、それなりにやってきました。

また、私からすすめられて全くの異業種から転身し、不動産屋として独立・開業された方も順調に経営を続けられています。

しかも、私も含め、みなさん、**それほど必死に働いていないにもかかわらず**です（大きい成功を望まれる方については、必死に働く必要があると思いますが）。

そういう意味では、不動産屋は、どなたでも成功できる可能性の高いビジネスであることは間違いありません。

もちろん、不動産屋に限らず、どんなビジネスであっても、何も考えず独立・開業するだけで儲かるなどということはありませんから、「頭を使う」ことは必要になります。

しかし、「頭を使う」といっても特別な思いつきが必要となるわけではありませんし、具体的な頭の使い方の手順は、この本の中でも一通りは示しますので心配は無用です。

そうはいわれても、まだまだとても信じる気にはなれないという方が大半だと思いますが、まずはだまされたと思って本文を読み進めてみてください。

きっとあなたにとって不動産屋で独立・開業するということが、非常に魅力的な選択肢であることをすぐにご理解いただけるはずですから。

なお、本書を読んで、いよいよ不動産屋として本気で独立・開業を目指される方のために継続的に情報を提供するためのインターネットサイト「**不動産屋独立＆集客サポートサイト**」(http://r-marketing.info/)も準備しました。こちらもあわせて、ご覧いただければと思います。

＊

本書は２０１２年に出版された『経験ゼロでもムリなく稼げる！　小さな不動産屋のはじめ方』の改訂版です。おかげさまで、同書は多くの読者の方にご支持いただき、10年近くもの間、読まれ続けるロングセラーとなりました。

今回の改訂にあたっては、現在、不動産屋が置かれている環境を考慮し、集客法について取り上げた４章を大幅に加筆・修正しました。特に、今や不動産屋の集客方法の中心となっているインターネット集客については、具体的な方法論はもちろんのこと、より確実に成果を出すため肝に銘じるべき考え方なども紹介していますので、ぜひともしっかりと読み込んでください。

正しい考え方、正しい方法論に基づいて取り組めば、食べていける程度の集客は、それほど時を待たずに、できるようになるはずです。

それでは、あなたがお客さんに信頼される不動産屋として独立・開業され、大いにご活躍される日が来ることを心から祈っています。

２０２１年11月

松村保誠

最新版　経験ゼロでもムリなく稼げる！　小さな不動産屋のはじめ方◉目次

2章 小さな不動産屋の強みを生かすビジネスモデル

3章 「かけ算」でもっと利益を上げる方法

4章 お客さんが途切れない小さな不動産屋の集客法

5章 経験ゼロからはじめる人のための実務のルール

6章 口下手でも大丈夫！ 信頼を得て成約率を高める接客術

装幀／齋藤　稔（ＧＩＲＡＭ）
本文ＤＴＰ／シナプス

※本書に掲載されている情報は２０２１年10月現在のものです。

1章

不動産屋で独立・開業しよう!

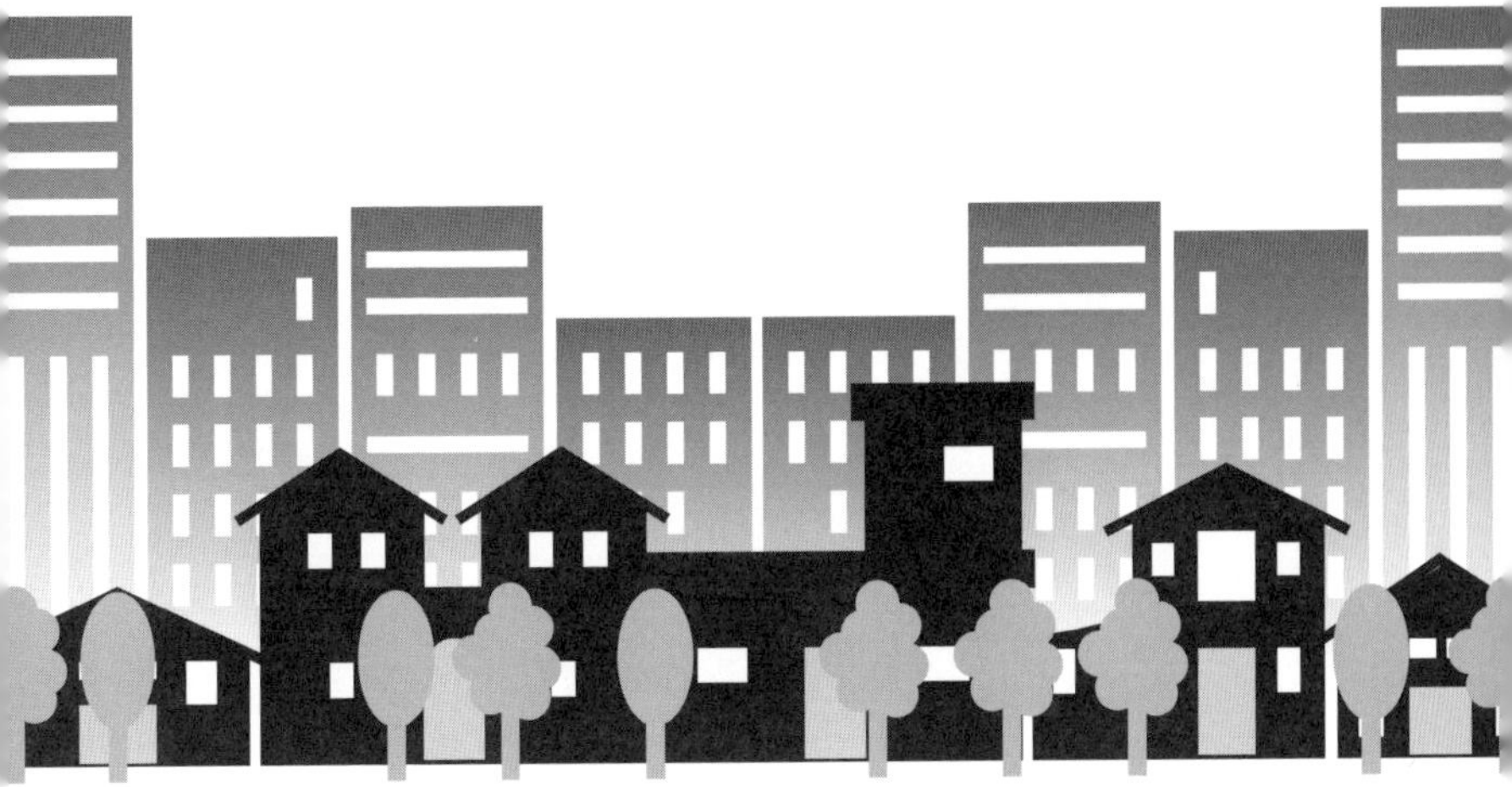

1 不動産屋は経済的リスクが低いビジネス

不動産業というと、多くの方が「儲かれば大きいけれど、その分失敗すると損失も大きい経済的リスクの高いビジネス」というイメージを持たれているかもしれません。

しかし、実際には**不動産業が特に経済的リスクの高いビジネスということはありません。**

いや、むしろ、特にみなさんが不動産業と聞いてイメージする町の不動産屋についていえば、非常に経済的リスクが低いビジネスなのです。

いわゆる町の不動産屋がやっているビジネスのことを「不動産仲介業」といいます。

たとえば、不動産売買契約についていえば、売主と買主の間に入って「不動産取引が滞りなく終わるよう、お世話をする」という仕事です。

つまり、不動産仲介業をやっている不動産屋（以降、不動産仲介業者）が売っているのは、「不動産」自体ではなく、**「不動産取引が滞りなく終わるよう、お世話をするサービス」**なのです。

●不動産仲介業こそ独立・開業に最適

ということは、不動産仲介業者のビジネスには**「在庫」というものが存在しない**のです。

今までご自身でビジネスをされた経験がない方の中にはあまりピンときていない人もいるかもしれませんが、実はこのことは、ビジネスをする上で非常に大きな意味を持っています。

まず、ビジネスを続けていく上においては、商品を仕入れるための資金繰りや、在庫ロスについて心配する必要がなくなります。

さらに万が一、ビジネスがうまくいかずやめることになった場合でも、在庫がないので、ほとんど無傷でやめることができます。

だから、不動産業、特に不動産仲介業は非常に経済的リスクが低いビジネスだと言い切れるのです。

「自分でビジネスをはじめてみたい。でも家族がいるのであまり大きな経済的リスクは負いたくない」という方は、ぜひ、不動産仲介業を選択肢に加えてください。

2 初めてでも軌道に乗せやすい

さらに不動産仲介業は、非常に軌道に乗せやすいビジネスでもあります。

その最大の理由はズバリ、

「**お客さん単価が高い**」

ことです。

たとえば、ある不動産仲介業者が3000万円の不動産の売買契約について仲介したとします。

この際、不動産仲介業者が受け取ることができる報酬（以降、仲介手数料）は、

3000万円×3・3%＋6万6000円＝105万6000円

です（この金額は国土交通省の告示する宅地建物取引業者の報酬額の上限金額ですが、実

際、多くの不動産仲介業者がこの金額で報酬を受領しています）。

しかも、これは売主、買主の一方から受け取ることができる金額に過ぎません。もしこの不動産仲介業者が、この売買契約の仲介を他の不動産仲介業者を交えず単独で行なったなら、売主、買主双方からそれぞれ１０５万６０００円ずつ受け取ることができるのです。

つまり、**たった一度の仲介の報酬が２１１万２０００円にもなる**わけです。

もちろん、毎回の取引が不動産仲介業者にとってこれほど儲かるものばかりではありません。特に小さな不動産仲介業者の場合、ほとんどの取引が他の不動産仲介業者との共同仲介になるでしょうから、売主・買主双方から報酬を受け取れるということは稀だと思います。

しかし、不動産仲介業者が売買契約を仲介する際には、たとえば、火災保険を合わせて販売した場合の手数料などもあります。そのため、都市部では、お客さんの平均単価が多少低く見積もっても60万円を切ることはないでしょう（ちなみに、60万円というのは約１７００万円の不動産の売買契約を仲介した場合の報酬ということになります）。

●お客さん1人でもやっていける

さらに、**不動産仲介業は非常に利益率が高い**ビジネスです。

前項でも触れた通り、不動産仲介業には在庫がないのですから。

店舗を借りたとしても1人でやる限りは、経費が20万円を超えることはないでしょう（東京などの都市部では20万円で収まらないかもしれませんが、その代わりにお客さん単価もそれを補って余りあるくらいに増えると思います）。

結果的にあなたの手元に残る利益は40万円ほどです。

40万円が多いか、少ないかというのは人によって感じ方が違うと思いますが、決して生活ができない金額ではないと思います。

お客さんが1人あれば、売上60万円で利益が40万円。

お客さん1人くらいなら、開業間もない時期でもどうにかなりそうですよね。だから、不動産仲介業は軌道に乗せやすいビジネスといえるわけです。

3 中高年こそ不動産仲介業で独立・開業

不動産仲介業は、実は中高年にこそおすすめしたいビジネスです。

なぜなら、中高年の方は不動産仲介業で成功するために最も重要な財産である「**お客さんになってくれる、もしくはお客さんを紹介してくれる人脈**」をお持ちだからです。


不動産仲介業をするのに特別な知識や経験は必要ありません。

宅地建物取引士資格試験に合格できるだけの知識があれば、あとは取引の流れなどについて多少勉強すれば、十分やっていけます。

また、不動産業界内での人脈のようなものも特に必要ありません。

今は不動産仲介業者間で物件情報を共有する仕組みが発達しているため（詳しくは5章で説明します）、そんなものがなくても物件情報はいくらでも入手できますし、また、売却に協力してくれる不動産仲介業者もいくらでも出てくるからです。

●人脈は中高年ならではの強み

しかし、「お客さんになってくれる、もしくはお客さんを紹介してくれる人脈」はできるだけあるほうが望ましいです。

おそらく多くのビジネスでも同じですが、信用商売である不動産仲介業においては（特に開業当初）、**お客さんを探すことこそが最も難しく、成功を左右する最も重要な要素**だからです。

考えてもみてください。

特別な知識や経験があっても、業界内での人脈があっても、お客さんがいなければ売上が立つ可能性は全くありません。

しかし、お客さんさえいれば、特別な知識がなくても、業界内での人脈がなくても、売上が立つ可能性は十分あるのです。

つまり、「お客さんになってくれる、もしくはお客さんを紹介してくれる人脈」があるということは、不動産仲介業を成功させる上で、それだけで圧倒的に有利なことなのです。

特に、世間での不動産屋に対するイメージは決してよいものではないので、「知り合い」というだけで大きなアドバンテージとなり、仕事を任せてもらえる可能性が高くなります。

ちなみに、私自身は「お客さんを紹介してくれる人脈」が全くなかったため、開業当初は随分と苦しみました。なにしろ8月に開業して、初めての売上が上がったのが、その年の12月のことでしたから。

「今さら開業なんて」とお考えの中高年の方、もったいないことをおっしゃらないでください。社会経験を重ねられ、豊富な人脈を持たれている今だからこそ、開業を考えていただきたいと思います。

4 意外とお金がかからない不動産仲介業

おそらく不動産仲介業をはじめようと思っていらっしゃる方のほとんどにとって気になるのが、開業するにあたっての費用の総額でしょう。

心配はいりません。不動産仲介業は**初期費用もあまりかからない**ビジネスです。

不動産仲介業を行なうためには宅地建物取引業者としての免許を受ける必要があり、これには120万円から180万円（加入する協会や地域によって異なる）ほどかかります。

また、店舗（もしくは事務所）を借りられる方であれば、地域やお店の規模によって当然異なりますが、賃貸借契約の初期費用を50万円ほどは見ておく必要があるでしょう（自宅を事務所とすることも可能ですが、その場合、事務所としての要件を満たすことが必要となります。事務所としての要件については、免許権者や、入会する予定の宅建協会や全日本不動産協会などの宅建業者の団体に必ず確認するようにしてください）。

しかし、これ以外の費用というのがほとんどかからないのです。

まず、既に触れた通り、不動産仲介業は在庫を持つ必要のないビジネスですから、仕入れを行なうための資金が必要ありません。

さらに飲食店でいうところの厨房や、物販業でいうところの陳列棚のような、いわゆる専門設備が必要ありませんので、設備費もほとんどかかりません。

もちろん多少の備品は必要になりますが、そんなものは買い揃えてもたかが知れています。

とりあえず、電話とコピー機付きＦＡＸ、あとはインターネット通信が行なえるパソコンなどの備品さえあれば、仕事をはじめることができます。

これだけのものをすべて買い揃えてもおそらく20万円はかかりません。なにしろ、今はインターネット回線の開設キャンペーンなどを利用すれば、パソコンをただ同然で購入できる時代なのですから。

これら以外の備品はおそらく、当面はあなたの私物を流用すれば事足ります。

つまり、その気になればここまでご紹介した費用、

・宅地建物取引業者の免許を受けるために必要な費用　約120万〜180万円
・店舗についての賃貸借契約の初期費用　約50万円
・備品費　約20万円

の合計額、約190万〜250万円があれば十分、開業が可能なのです。

これだけ小さな資金ではじめられて、しかも大きく稼げる可能性があるビジネスはそうあるものではありません。

●できるだけ初期費用はかけないようにする

前述の通り、不動産仲介業の開業資金は190万円から250万円程度ということになるのですが、これは「大体の金額」に過ぎません。

なぜなら、

・どんな地域で開業するのか
・どういう規模で開業するのか
・どういう不動産屋として訴求するのか

・自宅で開業するのか、事務所を設けるのか

などといったことによって、全く金額は異なってくるからです。

ここで1つだけ、不動産仲介業の初期費用について、私が明確にお答えできることをお伝えしましょう。

それは、私が免許取得関連費用以外に使った初期費用の内訳と総額です。

・名刺代　1890円
・パソコンソフト代（※1）　2970円
・表札代・印鑑代　1万5225円
・家庭用FAX・コピー複合機　3万4990円
・インターネットサーバー代　5996円
・Yahoo! ビジネスエクスプレス登録料（※2）　5万2500円

※1　Word、Excel等の代替ソフトの購入費。
※2　現在はサービス提供終了。Yahoo! からリンクを張ってもらえるため、当時はSEO対策上、必須とされていた。

総額11万3571円。これだけで私は独立・開業したというわけです。

これ以外に必要となるもの、たとえば電話・パソコン・車などはすべて私物を流用しました。

もちろん、私は当時のお金のなさとか節約自慢がしたいわけではありません。私がお伝えしたいのは、免許取得関連費用の総額さえ準備できれば、あとは**自分がかけられる範囲で費用をかければよい**ということです。

しっかりとやるべきことをやりながら不動産仲介業を続けていけば、いずれ必要なものは、どんどん買い足していけるようになります。

なお、潤沢に資金がある人は、いろいろと費用をかけてしまいがちですが、店舗のことも含めて十分に費用対効果を考えてから検討するようにしてください。

よほどうまくいくことが確信できるビジネスプランでもない限り、**最初はできるだけ費用をかけず、小さく不動産仲介業をはじめられるよう心がけましょう**。

5 開業するまでにやっておくべきこと

それでは、ここで不動産仲介業者として開業するまでの大まかな流れを見ておきたいと思います。

より詳細なことについては8章で説明していますので、ここでは、ザックリとしたイメージをつかんでいただければと思います。

①宅地建物取引士になる

宅地建物取引士となるためには、以下の4つの手順を踏む必要があります。

- 宅地建物取引士試験の合格
- 2年以上実務経験がない場合には登録実務講習の修了
- 試験地の都道府県の登録
- 宅地建物取引士証の交付

開業までの大まかな流れ

①宅地建物取引士になる

↓

②宅地建物取引業の免許を申請する

↓

③宅建協会や全日本不動産協会などに入会する

↓

④宅地建物取引業の免許証の交付を受ける

↓

⑤宅地建物取引業者として事業を開始する

（②～④）免許申請から免許証の交付を受けるまでの期間は、通常２カ月以上かかる（※）

※流れとしては「②宅地建物取引業の免許を申請する」→「③宅建協会や全日本不動産協会などに入会する」だが、まずは加入を希望する宅建協会や全日本不動産協会などに加入をしたい旨を申し出て、その指示に従って免許の申請を行なうことになる。

宅地建物取引業の免許証の交付を受けるまでは営業行為はできない。営業開始までの下準備をしよう。

なお、宅地建物取引士を雇用するのであれば、自ら宅地建物取引士にならなくても、宅地建物取引業の免許は受けられます。

②宅地建物取引業の免許を申請する

都道府県知事あるいは国土交通大臣（2以上の都道府県に事務所等を設置する場合）に宅地建物取引業の免許を申請します。

③宅建協会や全日本不動産協会などに入会する

弁済業務保証金制度を利用して宅地建物取引業の免許を受けようとする場合には宅地建物取引業保証協会に加入する必要がありますが、宅地建物取引業保証協会に加入するためには、その前提として宅建協会や全日本不動産協会などの宅地建物取引業者の団体に加入する必要があります。自ら営業保証金を供託する場合には、入会する必要はありません。

④宅地建物取引業の免許証の交付を受ける

免許の申請をしてから、免許証の交付を受けるまでの期間は通常2カ月以上かかります。

⑤宅地建物取引業者として事業を開始する

宅地建物取引業の免許証の交付を受けるまでは、集客等を含めて営業行為はできません（宅地建物取引業者として営業行為を開始できる時期については、厳密には営業保証金あるいは弁済業務保証金を供託した旨を免許権者に届け出た後ということになります）。

この期間は営業開始に向けての下準備、たとえば、

- **ホームページの作成（公開はあくまで免許証交付後）**
- **チラシの原案の検討**
- **名刺の手配**
- **事務所の準備**
- **備品の手配**

などを行なって、宅地建物取引業の免許証の交付を受けたら、スムーズに営業が開始できるようにしておきましょう。

2章

小さな不動産屋の強みを生かすビジネスモデル

1 無策な不動産屋は潰れるしかない！

宅建業者の数は長らく減少傾向にありましたが、平成26年度より増加傾向に転じました。令和４年度まで、なんと9年連続で増加しており、全国での宅建業者の総数は令和５年３月末時点で12万９６０４業者にも達しています。

つまり、ライバルとなりうる宅建業者の数は日々、確実に増加しているわけで、その意味では今後、競合環境が厳しくなるといえます。

また、近年、大手宅建業者がテレビＣＭを出すことが増えており、このことを通じて一般消費者の大手宅建業者に対する認知度が高くなれば、必然的に大手の宅建業者が選ばれやすくなります。この点においても、小さな不動産屋にとっては、より集客しにくい状況になることが予想されます。

このような状況を踏まえると、今から不動産業界に参入するなんて、まるでわざわざ下りのエスカレーターに乗り込むようなことに感じられるかもしれません。

しかし、1章でも触れた通り、宅建業は、やはり他の業種に比べると軌道に乗せやすいビジネスであることに変わりはありません。

ただ、**これまでのように何の戦略がなくても、やっているだけで儲かるビジネスではなくなってしまっただけ**なのです。

●具体的な戦略を立てれば成功できる！

もし、あなたが何の戦略もなく不動産屋をはじめれば、あっという間に撤退を余儀なくされるでしょう。

逆にいえば、**具体的な戦略を持って不動産業界に乗り込めば、かなり高い確率で成功することができる**はずです。

不動産業界には、まだまだ具体的な戦略を立てている経営者が少ないため、ただ戦略があるだけで（それがたとえ洗練されたものでなくても）、すぐに頭1個抜け出すことが可能だからです。

2 お客さんを絞ることで「選ばれる」ビジネスモデルは作れる!?

「戦略」などというと、急に話が難しくなるのではないかと身構える人もいるかもしれませんが、そんな難しい話をするつもりはありませんので安心してください。

ここでの「戦略」とは、**他の不動産屋よりもお客さんに選んでもらうために、取るべき手段**のことです。

「お客さんに選んでもらうために、取るべき手段」といっても、集客の方法などを指しているわけではありません。もちろん、集客も大事ではありますが、それ以前にもっと重要なことがあります。

それは、「誰に対して、どんなサービスを提供する不動産屋になるのか」といった**ビジネスモデルを考える**ということです。

不動産屋としてやっていくためには、お客さんに数ある不動産屋の中からあなたの不動産屋を選んでもらわなければなりません。

しかし、独立したてのあなたの不動産屋が他と特に違いがなく、普通に営業していたとしたら、お客さんに選んでもらうことは容易なことではありません。数ある不動産屋の中から、**まだまだ実績の乏しいあなたの不動産屋をわざわざ選んでくれることは、まずない**からです。

そこで、「誰に対して、何を売るのか」といったビジネスモデルを考えることで、他の不動産屋との「違い」を作り出し、お客さんに選んでもらえるように仕向ける必要があるのです。

●すべての人をお客さんにすることはできない

ビジネスモデルといっても、特に難しく考える必要はありません。

まずはお客さんを絞ります。

そして、どんなサービスを提供するのかを絞ります。

たったこれだけのことでよいのです。

ただでさえお客さんに選んでもらうのが難しいというのに、お客さんを絞ったり、提供するサービスの種類を絞ったりするようなことをしたら、お客さんが全くいなくなるのでは……という疑問を持たれる方がいらっしゃるかもしれませんが、心配いりません。

お客さんや提供するサービスを絞り込むことによって、あなたの不動産屋が選ばれる不動産屋になることができるからです。

たとえば、あなたが賃貸マンションを探しにある駅に行ったら、駅前に5軒の不動産屋があったとします。

どこもあまり変わり映えしない印象だったのですが、1軒の不動産屋だけは看板で大きく**「賃貸マンション紹介専門」**とうたっていました。

このとき、あなたはまずは、その「賃貸マンション紹介専門」とうたっている不動産屋を訪ねてみようと思いませんか？

確かに、「賃貸マンション紹介専門」とうたうという行為は、売買のお客さんが来店する可能性を減らしてしまう行為です。さらにこの書き方だと、賃貸であっても一戸建ての物件を探しているお客さんも遠ざけてしまうことになるかもしれません。

しかし、その代わりに賃貸マンションを探しているお客さんに選んでもらえる可能性は、他の不動産屋に比べて極めて高くなるはずです。

つまり、お客さんを選び、提供するサービスを選ぶということが、自然とお客さんに選ばれることにつながっているわけです。

しょせん、すべての人をあなたのお客さんにすることなどできません。

また、そんなことをしなくても、選んでくれるお客さんがいる限り、ビジネスは十分成立するはずです。

多少勇気のいることかもしれませんが、思い切ってお客さんと提供するサービスを絞ってみましょう。たったこれだけのことで、あなたのビジネスは驚くほど軌道に乗りやすくなるはずです。

3 お客さんと提供するサービスの選び方

それでは、お客さんと提供するサービスの選び方について見ていきたいと思います。
お客さんと提供するサービスの選択は、

①取引の種類を選ぶ
②物件の種類を選ぶ
③お客さんの属性を選ぶ

という3つの行動のいずれか、もしくはその組み合わせで行なうことができます。

それでは、1つずつ確認していきましょう。

①取引の種類を選ぶ

取引の種類とは、賃貸・売買の別のことです。

賃貸取引と売買取引には、以下のようなメリット・デメリットがあります。

それぞれのメリット・デメリットを理解した上で、自分により合いそうなほうを選択して

【賃貸のメリット】
- 契約が取りやすい
- 収益が安定しやすい
- 法律的な知識が少なくても、あまり支障がない

【賃貸のデメリット】
- 報酬単価が低いので、契約の数をこなす必要がある
- ある程度の年齢になると、接客が難しくなる（特に若いお客さんの接客）

【売買のメリット】
- 報酬単価が高いのであまり契約の数をこなす必要がない
- いくつになっても接客を続けていける

【売買のデメリット】
- 契約が取りにくい
- 収益が安定しにくい
- ある程度、法律的な知識が必要である

ください。

特にどちらがおすすめということはありませんが、全く業界経験のない方なら、法律的な知識が少なくても、あまり支障がない賃貸を選ばれるほうが無難かもしれません。

さらに、賃貸については、「**家主側専門**」とか「**借主側専門**」、売買については、「**売主側専門**」とか「**買主側専門**」などといった、より細分化したポジションを取ることも考えられます。

個人的には、売主側専門の不動産屋などは、今のところ、あまり見かけることがなく、かなり面白いポジションだと思います。

②物件の種類を選ぶ

物件の種類を一定の基準で分けて、そのうちの1つ、2つ程度のセグメントを選ぶということです。

物件の種類は、まずは**居住用**と**事業用**に分けることができます。

さらに、居住用はマンションと戸建、事業用は店舗と事務所・工場などに分けられます。

最近は「店舗専門」の不動産屋を見かけることがありますが、さらに「**飲食店専門**」などという絞り込みを行なうと、飲食店用の店舗を探しているお客さんにとっては、絶対に訪ねずにはいられない不動産屋になるのではないでしょうか。

また、「投資用物件専門」という不動産屋もよくありますが、これをたとえば、大都市近郊で「**地方の投資用不動産専門**」などという打ち出し方をするというのもいいアイデアかと思います。

③お客さんの属性を選ぶ

年齢・性別・世帯の形態・収入などでお客さんを細分化して、1つのセグメント（区分）に属するお客さんに絞るわけです。

たとえば、「**30代シングルマザー専門**」とか「**年収2000万円以上の未婚の男性専門**」などといった絞り込み方が考えられます。

こういう絞り込み方をすると、条件に当てはまらないお客さんが訪れる可能性は低くなるかもしれません。

しかし、その一方で、条件に当てはまるお客さんは「**自分のための不動産屋だ！**」と認知し、極めて高い確率で選んでくれるようになるはずです。

さらに、お客さんを趣味嗜好によって細分化し、そのうちの1つのセグメント（区分）に属するお客さんに絞るということも考えられます。

たとえば、**「ペットの飼育ができる物件専門」**とか、**「楽器演奏ができる物件専門」**などという打ち出し方をしている不動産屋は、ペットを飼育したいお客さんや、楽器を演奏したいお客さんに絞っているわけです。

最近よく見る**「田舎暮らし物件専門」**の不動産屋というのも、お客さんの趣味嗜好でお客さんを絞っている一例といえるでしょう。

4 ビジネスモデルを作るときの注意事項

ビジネスモデルを作るときの主な注意事項は、以下の3つです。

①アイデアを出すときに制限をかけない
②あなたに合ったビジネスモデルになっているかを考える
③需要の大きさについて検討する

それでは、それぞれの注意事項について見ていきましょう。

①アイデアを出すときに制限をかけない

最初にビジネスモデルのアイデアを出すときには、自分の発想に一切制限をかけないことが大切です。

この時点でビジネスとして成立しそうとか、しなさそうとかいうことを考える必要はないということですね。そんなことをしてしまうと、どこかで見たことのあるようなありきたりのアイデアしか出てこないからです。

いったんは自由に思いつくことを出し尽くしてみましょう。

このとき、なかなかアイデアが出てこない場合には、自分の中のリソース（資源）に注目してみるといいと思います。

たとえば、中国語が堪能な方であれば**「中国人の方専門の不動産屋」**、温泉好きの方であれば**「温泉付き物件専門の不動産屋」**という風に、自分の技能や趣味などをヒントにして、アイデアを出すわけです。

頭を柔らかくして、できるだけたくさんのアイデアを出してみてください。とんでもなく儲かるビジネスモデルが発掘できるかもしれませんよ。

②あなたに合ったビジネスモデルになっているかを考える

思いついたビジネスモデルがどれほど儲かりそうなものでも、あなたに合っていないものであれば、採用すべきではありません。いうまでもなく、それらのビジネスモデルはうまくいくことがないからです。

特に自分のリソースからでなく、**自由な思いつきから生まれたビジネスモデルの場合には、あなたに合っていない可能性も高い**ので慎重に判断してください。

ビジネスモデルがあなたに合っているかどうかの判断は、**あなたがそのビジネスモデルのターゲットとなるお客さんの考えていることがわかるかどうか**で判断できます。

ビジネスモデルを決定した後に考えることになる「集客」、さらには「接客」をうまく行なうためには、お客さんの考えていることがわかる必要があるからです。

たとえば、あなたが60代既婚の男性の場合、30代独身女性の考えていることが手に取るようにわかるということは、まずないはずです。その場合、30歳代独身女性をターゲットとするビジネスモデルは選ぶべきではないでしょう。

あるいは、あなたがお金に困った経験がない方なら、貧乏学生の気持ちを把握することは容易でないはずですから、貧乏学生をターゲットとするビジネスモデルは選ぶべきではないということです。

③需要の大きさについて検討する

そのビジネスモデルで提供されることになるサービスの、需要の大きさについては必ず検討すべきです。

そもそも十分な需要がないビジネスモデルでは、うまくいくはずがないからです。

この点については、「面白いビジネスモデル」ほど注意が必要です。「面白いビジネスモデル」は、ニッチになりすぎる傾向があるからです。

また、**営業する地域によって市場の大きさは当然違いますから、その点も考慮に入れるべきです。**東京や大阪では、少々やりすぎなくらいにターゲットを絞ってもよいでしょうが、地方都市では、あまり絞りすぎないように気をつけてください。

需要の大きさについては、人口統計等からだけでは読み切れないところもあります。検討するのも容易なことではないと思いますが、ターゲットになりうる人たちに多く意見を求めるなどして、できる限り客観的な判断を下せるようにしましょう。

5 あなたの不動産屋ならではのメリットを考える

ここまで見てきたような手順で作ったビジネスモデルがあれば、今の不動産業界の中ではそれなりに結果を出すことができると思います。

しかし、**あなたが作ったビジネスモデルが儲かるものであればあるほど、同一商圏内で同じようなことをしようとする不動産屋が出てくる可能性は高くなります。**

そこで、そのときに備えて、単にビジネスモデルを真似されたくらいでは、あなたの優位が揺るがないような策をあらかじめ講じておきましょう。

具体的には、他の不動産屋を利用しても得ることができない、あなたの不動産屋を利用するからこそ、お客さんが得られるメリットを考えていきます。

そのメリットに魅力を感じてくれるお客さんなら、極めて高い確率であなたの不動産屋を選んでくれるはずです。

それでは、あなたの不動産屋ならではのメリットを考え出すには、どうすればよいのでしょうか。

「あなたの不動産屋ならではのメリット」は、当然、お客さんにとって魅力的なものでなくてはなりません。

そうであれば、そのヒントは「**お客さんの考えていること＝お客さんの抱えている不安・不満**」の中にあるといえます。

つまり、お客さんの不安や不満とは何かを考えてみて、それを解消できることを約束できれば、その約束が、そのまま「あなたの不動産屋ならではのメリット」になるということです。

具体的には次のような手順で考えていきます。

①「お客さんの抱えている不安や不満」を出し尽くす

まずは、自分が不動産屋のお世話になるとしたら感じるであろう不安や、自分が不動産屋のお世話になったときに感じた不満などを書き出していきます。

さらに、自分の友人等からも話を聞いたりして、できるだけ多くの「お客さんの抱えている不安や不満」を出し尽くしていきましょう。

②「不安や不満」に対する具体的な解決策としての約束を考える

次に①で出した「不安や不満」の一つひとつに対して、具体的な解決策としての「約束」を考えていきます。たとえば、以下のようにです。

・「だまされそう」という不安に対して

「もしも、当方が不誠実なウソをつくことがあったなら、仲介手数料は全額返金します。さらに成約時にはそのことを証する旨の誓約書もお渡しします」という約束。

・「費用がどれくらいかかるのかよくわからない」という不安に対して

「最初にモデルケースを示して、諸費用に対する上限金額を明示します。結果的にそれを超える諸費用が必要になった場合、超える金額については仲介手数料から割り引きます」という約束。

・「後でクレームや相談があっても、営業マンが既に辞めていて十分な対応が受けられなかった」という不満に対して

「クレームや相談については、すべて社長である私自らが誠心誠意をもって対応します」という約束。

……という感じで、解決策となりうる約束を考えていくわけです。

ここで重要なのは、まずはあまりいろいろ考えず、これならお客さんの「不安や不満」を解消できるだろうと思える約束をどんどん考えていくことです。

そのほうが、他の不動産屋と明確に差別化でき、より魅力的な約束が生まれる可能性が高いからです。

本当に実現可能な約束であるかどうかは、最終段階で考えれば十分です。

なお、「あなたの不動産屋ならではのメリット」は、必ずしも最初から定まっていなければならないものではありません。

また、いったん定まったとしても、後で変更してはならないというものでもありません。

どちらかというと、お客さんとの日々のやりとりの中でこそ、お客さんの心に響くメリットを思いつくことも多いものです。これからじっくりと時間をかけて、より魅力的なものを探していきましょう。

3章

「かけ算」でもっと利益を上げる方法

1 ビジネスを組み合わせてオンリーワンを目指そう

一般的に、小規模のビジネスを行なう場合は、時間とか資本といった経営資源をできるだけ一点に集中させるほうが効率がいいとされています。

私もその意見には賛成です。

ですから、ここでいうビジネスを組み合わせるというのは、2つのビジネスを並行してやるという意味ではありません。

どちらかというと、**2つのビジネスから1つのビジネスを作り出そう**という意味です。

そうすることで、オンリーワンとまではいわなくても、あなたが経営している不動産屋の独自性を打ち出すことができるビジネスモデルとなります。

その独自性が、お客さんにあなたの不動産屋を選んでもらうことにつながるのです。

●「先生」になってあなたにお願いしたいといわせる

それでは、独自性を打ち出すためのビジネスの組み合わせ方にはどのようなものがあるか、考えていきましょう。

あなたは、「営業マン」と「先生」のいうことのどちらを信用しますか？

当然「先生」ですよね。あくまで一般論ですが、多くの人は「営業マン」は信用できない仕事の代表格で、「先生」は信用できる仕事の代表格と考えているはずですから。

だとすれば、**あなたがお客さんから「営業マン」ではなく、「先生」だと認識されるだけで、ずいぶんと営業がしやすくなる**はずです。

これを狙って「先生」になれる資格を組み合わせた営業をしようというのが、「**＋資格型」ビジネスモデル**です。

「＋資格型」ビジネスモデルで使える資格としては、以下のようなものがあります。

・＋FPモデル

最近、テレビなどでもよくみかけるようになったＦＰ（ファイナンシャル・プランナー）資格を組み合わせるモデルです。

ＦＰは、金融・税金・不動産・相続・保険などの幅広い分野について知識を持つ、いわば資金計画のプロを認定する資格です。

試験の内容的に、不動産の取引の現場で有効となる知識を多く含んでいるため、不動産屋の仕事との相性は抜群といえます。

ＦＰ資格には、民間資格として日本ＦＰ協会が運営しているＡＦＰ・ＣＦＰ®の資格制度と、国家資格としてのファイナンシャル・プランニング技能士の資格制度があります。

この２つの資格制度は民間資格と国家資格でありながら、ＡＦＰ資格の認定試験が２級ファイナンシャル・プランニング技能士資格の認定試験を兼ねるなど、不思議な形で融合しています。両者の間に特に優劣はありませんので、どちらの制度で資格を取得されてもよいと思います。

なお、国家資格のほうには、３級ファイナンシャル・プランニング技能士資格が存在しますが、お客さんから先生として認知されるためには、**せめて２級ファイナンシャル・プランニング技能士資格までは取っておきたい**ところです。

ちなみに、私の場合は民間資格側の上級資格ＣＦＰ®と国家資格の１級ファイナンシャル・プランニング技能士の両方を保有していましたが、ＣＦＰ®については返還してしまいました。ＣＦＰ®の資格を維持するには講習を受講するなどして継続的に単位を取得する必要があり、忙しくなりはじめてからはその手間が大きな負担になってしまったからです。

・＋建築士モデル

建築士については、特に説明はいらないと思います。いわずと知れた建物のプロですね。

一時期マスコミを騒がせた耐震偽装の問題などもあって、多くの住宅購入者が建物の安全性について不安を抱えています。

そういう意味では、建築士資格を有していることが、お客さんに選ばれる上での大きなアドバンテージになりうるのです。

建築士の場合、宅建などと違って受験資格が非常に厳しいため（建築学科を卒業していることなどが要求されます）、誰でも取れるわけではありませんが、受験資格を満たしている人は、ぜひ検討してみていただきたいと思います。

ちなみに、試験の難易度については世間一般で考えられているほど難しいものではないようです。

・＋行政書士モデル

行政書士とは、行政機関に提出する許認可申請書類等や契約書・遺言書等の権利義務・事実証明に関する書類の作成・代理などの法律事務を業とする資格者のことです。

残念ながら、テレビドラマで描かれるような法律的な交渉は弁護士法に抵触するため、行なうことはできませんが、それでも一般の方から見れば、法律のプロとして認知されていることは間違いありません。

不動産取引では、たくさんの法律的な話が出てきます。それだけに、お客さんとしては、法律のプロとして認知する人が自分の不動産取引をサポートしてくれるなら、心強いことこの上ないはずです。

行政書士試験は近年、難易度がかなり上がっています。したがって、挑戦するなら、それなりの覚悟が必要だと思います。

しかし、取得することができれば、間違いなく他の不動産屋との差別化を図るための大きな武器となりますので、ぜひ、チャレンジしてみていただきたいと思います。

2 「＋資格型」ビジネスモデルの動かし方

私自身は、これらのうち「＋ＦＰモデル」で不動産屋をやっていました（現在は不動産屋向けのコンサルティングが業務の中心となっていて、不動産屋としての営業活動はほぼ行なっていません）。

ここでは、私が実際に「＋ＦＰモデル」でどのように不動産屋をやっていたのかを、参考までに紹介しておきたいと思います。

実は私の場合、途中から不動産屋としての集客はほとんどやらなくなってしまいました。

では、どうしたのかというと、**住宅購入サポート専門のファイナンシャル・プランナー**として集客をしていました。

ですから、最初にお客さんが私に会うときは、不動産屋に会うつもりでは来ていません。お客さんは住宅購入サポート専門のファイナンシャル・プランナーに「住宅購入相談」をするつもりで来ていたのです。

つまり、お客さんにとっての私は**不動産屋の「営業マン」ではなく、FP事務所の「先生」**だったわけです。

すると、何が起こると思いますか？

全く同じ内容の話をしても、不動産屋の「営業マン」として話す限りは、「売り込み」にしか聞こえないことが、FP事務所の「先生」として話せば、「貴重なアドバイス」になるのです。

●成約率も当然高くなる

お客さんは、「先生」の話ならいくらでも聞きたいと思うものなのです。

そして、お客さんが帰る間際に、私は決まってこういっていました。

「当方でも宅建業の免許を取得していますので、不動産をご紹介することはできます。もし、これから不動産屋を探すのが面倒であれば、気軽に相談してくださいね」

当然、近くに住まれているお客さんなら断ることは、ほとんどありません。

「ぜひ、物件を紹介してもらえないでしょうか？」とお願いされることになります。

営業マンとしてお客さんに接する限りは、必死にお願いして買ってもらわなければならないものが、「先生」としてお客さんに接する限りは「お願いされて」買ってもらえるわけです。

当たり前のことですが、成約率も非常に高くなります。

お客さんにしてみれば、「先生」を裏切って、「不動産屋の営業マン」の世話になるなどということは考えにくいことだからです。


いかがでしょうか？

これで十分、「十資格型」ビジネスモデルの効果をご理解いただけましたよね。

3 ビジネスを組み合わせてお客さんの平均単価を引き上げる

売上というのは、「お客さんの数」に「お客さんの平均単価」をかけたものです。

つまり、**売上＝お客さんの数×お客さんの平均単価**ということになります。

先ほどの「＋資格型」ビジネスモデルは、この式のうち「お客さんの数」を増加させるものでした。

そこで本項では、「お客さんの平均単価」を上げる方法について触れたいと思います。

ただし、不動産屋＝宅建業者の場合、受け取ることができる報酬の額の上限は国土交通大臣が告示する報酬規程によって定められていますので（187ページ）、どれほどサービスの内容を充実させたとしても、それを超えることは許されません。

では、どうやってお客さんの平均単価を引き上げるのでしょうか？

それは、**不動産を買っていただいたお客さんに別の商品やサービスを買ってもらえばいい**

のです。そうすれば、報酬規程など関係なく、お客さんの平均単価を引き上げることができます（詳しくは次項で説明します）。

不動産屋というのは、取引が完了するまでに何度もお客さんと会わなければならないビジネスです。

ですから、**しっかりとした対応をしていれば、取引が完了するまでにはお客さんとの間に自然とある程度の信頼関係は築けているはずです。**

その信頼関係を利用すれば、お客さんに別のサービスや商品を買ってもらうことは、たやすいことなのです。

●プラスアルファのサービスや商品の選び方の基準

お客さんに買ってもらう別のサービスや商品の選び方には、以下のような基準があります。

・不動産取引との関連性があるか？

不動産取引との関連性が深ければ深いほど、自然な形で提案が行なえます。

なお、どれほど魅力的な商品であっても、全く関連性のないものを売ってはいけません。

その商品を買ってもらえないのは当然のことながら、せっかく築いてきた信頼関係さえも失い、不動産の取引自体に悪影響が出る可能性があるからです。

・本業に差し障りのないものであるか?

先にも触れました通り、小規模のビジネスを成功させるためには、時間も労力もお金も、できる限り一点に集中させる必要があります。

ですから、言い方は悪いですが、不動産屋としての信用があれば片手間でもできるようなビジネスを選びましょう。それをやることによって増加する負担が本業に支障をきたすようなことがあれば、本末転倒です。

また、大きな在庫を抱える必要があるようなビジネスや、それをやるために人を抱える必要があるようなビジネスは論外です。

・利益額の大きいものであるか?

せっかく不動産屋としての信頼を武器に、簡単に購入してもらえるチャンスなのですから、できれば利益額の大きいビジネスを選びましょう。

4 プラスアルファのサービス・商品の具体例

それでは、前項で述べた基準を満たす、プラスアルファのサービスや商品の具体例を見ていきましょう。

・損害保険代理店業

損害保険代理店業は、実際にほとんどの不動産屋がやっていらっしゃると思います。不動産を購入される方は、ほぼ１００％火災保険に加入されますので、これを売っていこうということです。

成約率、利益率共に高いので、これは絶対にやるべきです。

損害保険の代理店をはじめるのは簡単なことで（大手の損害保険会社については最近は厳しくなっています）、損害保険会社に電話をすれば、担当者が代理店になるための手続きを取り仕切ってくれます。

費用は、代理店委託契約書に貼付する収入印紙代と諸費用くらいで、かかっても数万円程度です。

代理店をはじめるにあたっては、損害保険の募集人資格を取得する必要がありますが、1週間も勉強すれば試験には合格しますので、心配する必要はありません。

本業への負担はないに等しいので、できればこれ以外にもう1つプラスアルファのサービスを加えてもいいくらいです。

なお、損害保険代理店業をはじめると、自動車保険なども販売することができますが、これを売り始めると事故対応などで非常に手間がかかることがありますので、携わらないほうがよいでしょう。

・生命保険代理店業

お客さんにとって住宅を購入するタイミングというのは、生命保険の見直しを行なう大きなチャンスです。

お客さんの多くが住宅を購入するにあたっては住宅ローンを利用されます。

住宅ローンについては、ほとんどの金融機関が団体信用生命保険（住宅ローンの利用者が死亡した場合などに、住宅ローンの残債分の保険金が出て残債がなくなるという生命保険）

への加入を融資条件としています。そのため、お客さんが現在加入されている保険の補償額が過大になる可能性が高いのです。

多くのお客さんは、**これからの長期間にわたる住宅ローンの返済について、不安を抱えていらっしゃいます**。

ですから、生命保険を見直すことによって家計の支出を減らすような提案には、高い確率で興味を示してくれるはずです。

火災保険に比べると、販売するには（加入のための審査の段取りなど）多少の手間はかかりますが、本業に差し障りが出るほどのことはありませんので、ぜひ、こちらも検討してみていただきたいと思います。

・結婚相談所業

不動産取引との直接的な関連性はありませんが、不動産屋のビジネスと非常に相性がいいのが、この結婚相談所業です。

結婚相談所も不動産屋も大きなライフイベントのお手伝いをする仕事であり、**どちらも確かな信頼があってこそ成り立つビジネス**ですから、よい組み合わせになるのかもしれません。

特に地方都市では、この組み合わせで成功されている不動産屋が多いようです（出会いが少なく、結婚相談所に対する需要が高いためかもしれません）。

結婚相談所業の場合、成約率は低いと思いますが、お客さんを「**次の段階のお客さん**」に育てる効果も期待できます。

たとえば、ワンルームマンションの賃貸でお世話をしたお客さんが、結婚相談サービスを利用して結婚を決められたなら、新居の賃貸マンションを探してほしいとか、一戸建てを購入したいので探してほしいとかいった新たなご依頼につながることも、十分考えられます。

そういう意味では、チラシを撒いたりするのと同じ集客活動の一部と捉えて行なってもよいかと思います。

5 他の事業者に紹介することで収益アップを図る

お客さんの単価を引き上げる方法としては、他のビジネスを組み合わせて自分自身でやる以外に、**他の事業者に紹介して、その紹介料を受け取る**という方法も考えられます。

先にご提案した、不動産屋と組み合わせるビジネスの候補のうち、損害保険代理店業については、本当に全く手がかかりませんので絶対にご自身でやるべきですが、生命保険代理店業や結婚相談所業については、ある程度は手がかかりますので、自分でやるのは無理ということも考えられます。

ただ、だからといって、せっかく提案するだけでかなりの確率で成約してくれそうなお客さんに何のアプローチもしないのはもったいない話です。

それなら外部の力を借りて、いくらかでも「紹介料」という形で収益を発生させるほうが、よほどいいはずです。

しかも、この「他の事業者に紹介して、その紹介料を受け取る方法」であれば、かかる手間は電話を1本かけることだけです。

これほど都合のいい収益アップの方法をやらない手はありませんよね。

●さまざまな事業者と提携して利益に結びつけよう

また、この「他の事業者に紹介して、その紹介料を受け取る方法」であれば、増加する負担が本業に差し障りのないものであるかどうか、という基準は当然はずれます。

ですから、不動産取引とある程度、関連性のあるものなら、どんなものでもお客さんに提案することができるようになります。

たとえば、自分1人で行なうには、人的にも資金的にも難しいリフォームや引越しといったサービスも提案することができるのです。

ぜひ、**いろんな事業者と提携して、収益アップを図ってください。**

なお、提携については、できれば自分の知り合いなどで提携できそうな人からはじめるのがよいと思います。

そういう人がいなければ、提携できそうな事業者にメールなどで提携を打診すればよいでしょう。

たとえばリフォーム業者の提携先を探す場合なら、

「当方のお客さんの購入物件のリフォームを依頼できる提携業者様を探しています。紹介料については、売上の10％を希望しています。ご興味がおありでしたら、ぜひご連絡ください」

などといったメールを送ればよいだけです。

4章

お客さんが途切れない
小さな不動産屋の集客法

1 小さな不動産屋の集客はインターネットが中心

小さな不動産屋としての強みを生かせるビジネスモデルを作ることができたら、次はそのビジネスモデルに基づいて、より効果的に集客していくことを考えなければなりません。

現在、小さな不動産屋にとって集客方法の中心となるのは、何といってもインターネットを使った集客方法です。したがって本書でも、まずは**インターネット集客**についてお話ししていきたいと思います。


現在、不動産屋にとってインターネット集客の中心的な方法となっているのは、SUUMO、HOMS'、アットホームなどに代表される大手物件検索サイトの利用でしょう。おそらく小さな不動産屋の大半が、インターネットからの購入希望（あるいは賃貸希望）に関する問い合わせのほぼすべてを、大手物件検索サイト経由で得ているというのが実情だと思います。

また、インターネットからの売却希望のお客さんの獲得についても、大手一括査定サイトに頼っているという不動産屋が増えています。

今は、それほどまでに大手の不動産集客関連サイト（以下、大手サイト）の力が強くなっています。資本力に劣る小さな不動産屋としては、そういったサイトに戦いを挑むのではなく、**その集客力をうまく利用させてもらう**ことを考える必要があります。

●ホームページの必要性

大手サイトの利用が不動産屋のインターネット集客において非常に大きな地位を占める状況になっていることを考えるとき、１つの疑問が生まれると思います。

それは、「どうせ大手サイトにインターネット集客のほとんどを依存するのであれば、わざわざホームページを工夫したりする必要はないのではないか？」というものです。

なるほど、確かに一見、理屈にかなった疑問ではありますが、この点については明確に否定しておきます。

多くの不動産屋がインターネット集客の大半を大手サイトに依存する現在のような状況下にあっても、**集客を意識したホームページは絶対的に必要**です。

大手サイトを見て、あなたの不動産屋に興味を持ち、問い合わせをしてみようかと思ったお客さんは、非常に高い確率であなたの不動産屋のホームページをチェックします。あなたの不動産屋が信頼できて、かつ、相談しやすそうな不動産屋かどうかを判断するためです。

お客さんの立場に立って考えてみれば、おわかりいただけるでしょう。

お客さんはうっかり、おかしな不動産屋に問い合わせをして、しつこくつきまとわれるようなリスクをなるべく避けたいと考えています。大手サイトにインターネット集客の大半を頼る現在においても、そうしたお客さんの心配事やニーズを意識したホームページが必要なのです。

せっかく、あなたの不動産屋に興味を持ってくれたお客さんを取り逃がしてしまわないためにも、お客さんが「ぜひとも問い合わせをしたい」と思ってくれるような、あなたの不動産屋の魅力が伝わるホームページを作り上げてください。

●ホームページは外注しよう

どんなホームページを作ればいいかは次項からお話ししていきますが、その前提として、ホームページは外注することをおすすめします。最近は、専用ソフトやテンプレートを利用すれば自作できないこともないのですが、**なるべく外注するべき**です。

以前は、主にコンテンツ（ホームページに掲載する情報の内容）のコントロールを主体的

に行なうことを目的として、「最初のホームページは自作しよう」とアドバイスしていました。しかし、

・ウェブサイトのデザインレベルが全体的に底上げされて、見るからに素人が作った感じがするホームページだと、閲覧したお客さんの信頼を損なう可能性が大きくなった

・スマートフォンユーザーが急増し、インターネットの閲覧環境ごとにホームページのデザインを切り替える、いわゆる「レスポンシブ対応」が必須となるなど、ホームページ制作に必要となるスキルレベルが上がった

以上のことなどを踏まえて、ホームページ制作の外注をおすすめするようになったのです。

ただし、ホームページ制作を外注する場合であっても、決して**すべてをホームページ制作業者に丸投げするようなことがないように**注意してください。

コンテンツのコントロールについては、あくまで、あなたが主体となって行なわなければならないことに変わりはありません。そのことを肝に銘じた上で、読み進めていただければと思います。

2 どうしてホームページを作るのか？

ここからはいよいよ、小さな不動産屋が集客するためには、どんなホームページを作るべきなのかをお話ししていきます。まずは、ホームページ制作の方向性を間違うことがないように、ホームページを作る目的について確認しておきましょう。

ホームページを作る究極的な目的は、もちろん集客に貢献してもらうことなのですが、どんなホームページを作るべきなのかを考えやすいように、その目的をもう少し具体的な内容に置き換えてみましょう。

ホームページの目的は、次の3つに分解することができます。

①問い合わせを獲得する

これについては説明不要でしょう。ホームページを作る究極的な目的が集客である以上、直接的に問い合わせを獲得することができれば、当然、それに越したことはないわけです。

②信頼や親しみを感じてもらう

これは、①とも密接な関連のある目的です。お客さんはホームページを見て、「信頼できなさそう」とか「相談しにくそう」などと感じれば、当然、問い合わせをしてきてくれません。ホームページを見たお客さんに、積極的に「問い合わせをしたい」と思ってもらうためには、その前提として、一定レベル以上の「信頼」や「親しみ」を感じてもらえるだけのコンテンツをホームページ内に用意する必要があるということです。

③見込み客リストを取る

ホームページを見たお客さんの9割以上は、その場ですぐに問い合わせをせず、そのままホームページを閉じてしまいます。そして、その大半が二度と戻ってきてくれません。つまり、ホームページを見て、ただちに問い合わせをしてきてくれるお客さんはかなりの少数派で、それ以外のお客さんのほとんどを取りこぼしているというのが実情なのです。

この本来なら取りこぼしていたはずのお客さんを拾い上げることを目的に、「見込み客リスト」を取ります。見込み客リストを取ることができれば、メールマガジンなどを通じて、いつでも、こちらから、お客さんに接触することが可能になります。その接触の中で、お客さんからの信頼や親しみを獲得することができれば、将来的にお客さんのタイミングで問い合わせをしてもらえる可能性が高まることになるのです。

以上の3つが、ホームページを作る目的になります。

本来的には①の問い合わせを獲得するという目的をいきなり達成できれば、それが最も理想的なのですが、**お客さんは信頼や親しみを感じない限り、問い合わせをしてくれることはありません**。

また、信頼や親しみを感じたとしても、自分がまだ問い合わせをできるような状態やタイミングになっていなければ、やはり、その場で問い合わせをしてはくれません。

こういった事情を考えれば、「問い合わせを獲得する」「信頼や親しみを感じてもらう」「見込み客リストを取る」という3つの目的をすべて達成すればこそ、ホームページの集客効果を最大化できることは間違いありません。

必ず、これら3つの目的をすべて達成することを目指しながら、ホームページ制作を進めるようにしてください。

3 どんなホームページを作ればいいか？

それでは、前項の３つの目的を踏まえて、より具体的にどんなページ構成の、どんなコンテンツを持ったホームページを作るべきなのかを確認していきます。

小さな不動産屋のホームページで最低限、必要となるページ及びページごとのコンテンツの内容は以下の通りです。

①トップページ

ホームページ全体の顔となるページです。

トップページでは自社がターゲットとしているお客さんを強く引きつけるべく、自社にとってのメインターゲット及び提供サービスを明示する必要があります。

たとえば、30代独身女性をメインターゲットに設定し、ハイグレード賃貸マンションの仲介サービスを提供するのなら、「30代独身女性のハイグレード賃貸マンション探しは、当方にお任せください」などと、そのことがハッキリとわかるようにトップページ内で明示しなければならないということです。

さらに、お客さんが自社を利用することによって、得られる具体的なメリットについても記載します。要するに、トップページは競合他社との「違い」を明確に訴求するためのページだということです。「違い」があって、そのことがお客さんに伝わればこそ、競合他社でなく自社が選ばれることにつながるのですから、そのつもりで、しっかりと競合他社との「違い」を伝える努力をしましょう。間違っても、どうでもいいようなあいさつ文が書かれているだけのトップページにならないよう、注意してください。

②お役立ち情報ページ

自社が設定したターゲットを念頭に、不動産取引に関するお役立ち情報を紹介するページです。

お役立ち情報ページに掲載されている情報が、ターゲットがまさに知りたいと思っているような内容で、しかも非常にわかりやすいものであれば、後日、再訪問できるようにブックマークしてもらえる可能性もあります。そのつもりで、本当にお客さんの役に立つ情報を掲載するようにしてください。

お役立ち情報ページに掲載する情報については、なるべくターゲットに近い人たちに実際に「不動産を購入する（もしくは借りる、または売るなど）に際して、事前に知りたいと思っていたことや、不安に感じていたことが何かあるか？」と質問し、その回答を参考に決定するようにしてください。決して、あなた自身が、勝手にお客さんが知りたがっているであろうことや、不安に感じているであろうことを想像して掲載情報を決定しないことです。

不動産取引について一定レベル以上の知識のある人が、全く知識がないお客さんが知りたがっているであろうことや、不安に感じているであろうことを的確に想像するのは非常に難しいことです。お客さんに「これは役に立つ！」と思ってもらえるようなお役立ち情報ページを作るべく、できるだけターゲットに近い人たちに実際に質問して得た回答を参考に、掲載情報を決定するようにしてください。

なお、周囲に設定したターゲットに近い人がいないなど、実際に質問することが難しい場合には、「Yahoo! 知恵袋」（https://chiebukuro.yahoo.co.jp/）などの質問サイトで、ターゲットに近い人たちが質問している内容を参考にしてもよいでしょう。少なくとも、あなた自身が勝手に想像するよりは、ターゲットが実際に知りたがっている情報に近づくことができるはずです。

③会社情報ページ

会社の基本情報を掲載するページです。

具体的には、以下のような情報を掲載します。

- 会社名（屋号）
- 代表者氏名
- 資本金
- 所在地
- 電話番号／FAX番号
- メールアドレス
- 宅地建物取引業者免許番号
- 所属する宅建業者の団体名

会社の基本情報の下には、代表者からのメッセージを入れるようにしましょう。

このメッセージについても、単なるあいさつ文にするのではなく、競合他社との「違い」をしっかりと訴求する内容とするべきです。すなわち、自社が設定しているターゲットと提供サービス、自社を利用することによってお客さんが得られるメリットを明確に記載します。

さらに、どんな思いを持って不動産屋として独立し、営業しているのかを、あなたらしい言葉で表現することができれば、その思いに共感するお客さんから選んでもらえる可能性は確実に高くなるはずです。

④スタッフ紹介ページ

自社のスタッフを紹介するページです。

スタッフ紹介ページでは、「これでもか」というくらいに自社スタッフについてなるべく多くの情報を掲載するようにしましょう。より多くのことを知ってもらえば、そのことが自社スタッフに対する信頼と好意の獲得につながり、結果的にお客さんに、不動産屋として選んでもらえる可能性が高くなるからです。

当然、スタッフの中にはあまり個人的な情報を出したがらない人もいると思いますが、その場合には、強要はNGです。大きなトラブルにならないためにも、あくまで任意で協力をお願いするというスタンスを守ってください。

スタッフ紹介ページにおいて掲載すべき情報としては、以下のようなものがあります。

・**名前**

読み方が難しい場合には、必ず読み方を記載してください。親しみを感じるようなニックネームがあれば、それも記載しておくようにしましょう。

・**顔写真**

必ず笑顔の写真を掲載してください。何枚も写真を撮って、その中で最も感じのいい写真を選ばれることをおすすめします。証明写真のように、こわばった顔で映っているものは絶対にＮＧです。

・**年齢**

干支や十二星座なども記載してください。女性は記載したくない人が多いと思いますので、無理強いは厳禁です。

・**職種**

営業マンや事務員などの職種の別及び役職を記載します。

・**保有資格**

不動産関連の資格はもちろんのこと、不動産とは全く関係のない資格も書いておきましょう。たとえば、「ソムリエ」など意外性のある資格を持っていると、お客さんとの会話で話題になることも多いと思います。

・営業経験年数

職種が営業マンの場合に記載します。経験年数が極端に短い場合にも、正直に記載してください。その上で、「だからこそ、他の人の3倍頑張ります」などと仕事に対する決意表明をしておけば、かえって好感を持ってくれるお客さんも必ずいるはずです。

・出身地

できるだけ市区町村まで記載してください。出身地が同じ、もしくは近いという理由だけで選んでくれるお客さんは結構、多いものです。

・出身校

最終学歴に限らず、出身校をすべて書くのがベストです。お客さんと先輩・後輩の関係にあることが伝われば、それだけで選ばれる可能性は高くなります。

・現在の居住地

事情が許す範囲で記載してください。自分の仕事に後ろ暗いところがないことの証明になりえます。不動産業界は一般的に胡散臭い業界だと思われているだけに、こういったことが意外と大きな意味を持つのです。

・家族構成

「妻と中1の息子、小5の娘の4人家族」などと、なるべく具体的に記載します。お客さんから共感されやすそうなエピソードがあれば、それも記載するようにしてください。

・趣味

単に趣味を書くだけでなく、その趣味にはまった経緯や、はまり具合なども詳しく書いてください。

ただし、一般論としてギャンブル系の趣味について記載することは、できるだけ避けたほうが無難です。不動産取引の相談者としての信頼性にケチがつく可能性があります。

・好きな食べ物

メニューや食品名だけでなく、たとえば「週に5日は食べています」などと、どれくらい好きかということも表現すると、なおよいでしょう。おすすめのお店などがあれば、それも記載してください。

なお、好きなものには他に「好きなスポーツ」「好きなタレント、俳優、ミュージシャン」「好きなテレビ番組、映画」「好きな本、マンガ」などがありますが、記載する際の考え方はすべて同じです。単に好きなものの名称を記載するだけでなく、「なぜ、好きなのか?」「どれくらい好きなのか?」などと自分自身に質問を投げかけつつ、なるべくお客さんに興味を持って読んでもらえるような内容にしてください。

・休日の過ごし方

仕事をしていないときの「素の姿」を伝えることが目的です。お客さんはより深くスタッフのことを知っているような気分になります。

・長所、短所

自覚している長所、短所があれば、それを記載してください。自分ではわからない場合には、周囲の人に意見を求めるとよいでしょう。案外、周囲の人のほうがよくわかっていたりするものです。

短所については、たとえば「金遣いが荒い」とか「気が短い」など、不動産取引の相談者としての適性を疑われるようなものは避けてください。

・座右の銘

実直な人柄が伝わるような座右の銘があれば記載してください。座右の銘がない場合、「努力」とか「誠実」などといった好きな言葉を書いてもよいでしょう。この際、長所、短所との整合性を必ず、意識するようにしてください。

・人生において印象深い出来事

できるだけ青年期以前の古い話がよいでしょう。古い話を聴かされると、お客さんはその当時のことをイメージするので、昔からそのスタッフのことを知っているような気がしてくるのです。

・お客さんへのメッセージ

お客さんに最も強く伝えたい思いをメッセージにします。ここまでに記載した情報（特に長所、短所や座右の銘など）を念頭にメッセージを書くと、お客さんは「いかにもあなたらしい」と感じ、素直に受け取ってくれるはずです。

以上が、スタッフ紹介ページにおいて掲載すべき情報になります。かなり長くなってしまいましたが、それだけスタッフに関する情報はホームページの集客効果を高める上で重要な要素であるということです。

お客さんからの信頼と親しみを獲得し、不動産屋として選ばれやすい状況を作るためにも、なるべく詳細に、かつ、心を込めてスタッフに関する情報を記載するようにしてくださいね。

⑤お問い合わせページ

お客さんからメールフォームを通じて問い合わせをしてもらうためのページです。

お客さんに入力してもらうメールフォームの項目は以下の通りです。

・お名前（必須）

・メールアドレス（必須）
・お問い合わせ内容（必須）

メールフォームの入力項目は、なるべく少なくするべきです。入力項目が多くなると、お客さんが入力を面倒くさがって、問い合わせをすることをやめてしまう可能性が高くなるからです。なるべく気軽に問い合わせをしてもらえるよう、入力項目は必要最低限のものに絞るようにしてください。

また、お客さんが安心して問い合わせできるように、メールフォームの周辺に「お問い合わせいただいても、こちらから、しつこい営業を行なったりすることは絶対にありませんので、安心してお問い合わせください」と入れておきましょう。そうした記載があるだけで、お客さんからの問い合わせ数は確実に増加します。ぜひ、実践してみてください。

⑥見込み客リスト獲得ページ

ホームページの3つの目的のうちの1つである「見込み客リストを取る」ことだけに特化したページです。

自社が設定しているターゲットに当てはまるお客さんが強く興味を引かれるような情報を

取り扱った無料レポートを用意し、その無料レポートをプレゼントすることと引き換えに、名前とメールアドレスを登録してもらうようにします。

私はこの見込み客リスト獲得ページこそが、ホームページの集客効果を高める上で最も重要なページであると考えています。見込み客リスト獲得ページによって、見込み客リストをとることができれば、通常であればそのまま取り逃すはずであった、ホームページ訪問者の一部とメールマガジンなどを通じて接触し続けることが可能になるからです。

メールマガジンを通じての接触がうまくいけば、何もしない場合に比べて、3倍～4倍のお客さんを獲得することも十分可能になりますので、全力で見込み客リスト獲得ページの作成に取り組んでいただきたいと思います。

見込み客リスト獲得ページの構成例は、次の通りです。

・キャッチコピー

見込み客リスト獲得ページの閲覧者が続きを読まずにはいられなくなるような、魅力的なキャッチコピーを用意します。キャッチコピーは見込み客リスト獲得ページの中で最も無料レポートの請求率に影響を与える要素となっていますので、時間をかけて十分に魅力的なキャッチコピーを作ってください。

・無料レポートに関する簡単な説明

無料レポートの内容に関する簡単な説明を行ない、必要とする方は請求してほしい旨を伝えます。

・無料レポートを読むことによって得られるメリット

無料レポートを読むことによって読者が得られるメリットを箇条書きで紹介します。基本的に「～がわかります」「～できるようになります」という形で文章を締めれば、それが読者にとってのメリットになります。

・無料レポート請求フォーム

無料レポートを請求するためのフォームを用意します。入力項目については名前とメールアドレスだけで十分です。

なお、無料レポート請求フォームの下には、登録されたメールアドレスに今後メールマガジンを送らせてもらう旨の注意書きが必要です。

・読者の声

無料レポートを読まれた方からいただいた感想を読者の声として紹介します。読者の声は質以上に量がものをいいますので、無料レポートの請求がある度に感想をいただけるようにお願いして、確実に読者の声を増やしていってください。

・追伸

無料レポートを請求するべきか、どうかを迷われている方の背中を最後に一押しします。何を書くべきか迷ったときには、無料レポートを読まなかった場合に被るかもしれない損失について触れておきましょう。

人は概して、「得をしたい」という欲求以上に「損をしたくない」という欲求のほうが強くなりやすい生き物です。損をすることを避けるべく、行動を起こしてくれる可能性が高くなります。

繰り返しますが、見込み客リスト獲得ページは、インターネット集客の成否を分ける非常に重要な要素です。見込み客リスト獲得ページの作成方法について、もう少し詳しく解説した動画講座を用意しましたので、必要とされる方は２７０ページをご参照ください。

以上が、小さな不動産屋のホームページで最低限、必要となるページ及びページごとのコンテンツの内容です。

いずれのページもホームページが集客に効果を発揮するために絶対に必要となるものばかりですので、しっかりと作り込むようにしてください。

また、ホームページが一通り完成したら、ホームページがしっかりと集客に効果を発揮しうるものになっているのかを確認し、必要な修正を行なっていく必要があります。その際に確認すべき事項を一覧にしたホームページチェックリストは270ページからダウンロードしていただけます。ぜひ、ご活用ください。

●物件検索ページは必要か？

ここまで取り上げたページ以外にも、不動産屋のホームページで必ずといっていいほど、よく見かけるものがあります。それは、価格や所在地域、間取り等の条件指定をすることによって希望条件にマッチした物件を探すことができる、いわゆる物件検索ページです。

「ホームページを集客に活用しようとするのなら、物件検索ページは必要なのでは？」と疑問に感じている方もいらっしゃるかと思いますが、私は必ずしも必要ではないと考えています。現状、小さな不動産屋のホームページに設けられている物件検索ページは、**ページ運営に必要な労力に見合うほどの成果を得られていないことが多い**からです。

かつては、物件検索ページがそれなりに集客に効果を発揮してくれる時代もありました。しかし、大手物件検索サイトの認知度が非常に高くなってからは、全くといっていいほど集客に効果を発揮できなくなってしまっています。

お客さんからしてみれば、物件の網羅性においても、情報の質においても、圧倒的に上をいく大手物件検索サイトがあるのに、わざわざ小さな不動産屋のホームページ上の物件検索ページを閲覧する必要性がないからです。


もちろん、物件検索ページが全く無意味とまではいいません。少なくとも、既にあなたの不動産屋に興味を持っているお客さんが偶然、物件検索ページを閲覧し、そこで見つけた物件が問い合わせのきっかけになるくらいのことはあるでしょうから。

しかし、そんな生じるかどうかが定かでない小さな集客効果を狙って、運営するにはあまりに労力がかかりすぎるのです。

したがって、今後、新たにホームページを作るに際しては、物件検索ページは基本的に設ける必要がないと申し上げておきます。

4 ホームページ運営に関する注意事項

本項では、主にホームページの運営に関する注意事項を紹介していきます。

ホームページは当然、作っただけでは何の意味もありません。集客するという目的を達成するためには、その前提として、1人でも多くのお客さんにホームページに訪問してもらう必要があるわけです。そのための施策や注意事項について簡単に紹介しておきますので、ぜひとも参考にしてください。

①SEOは最低限のものにとどめる

SEO（Search Engine Optimization）とは、特定のキーワードでの検索結果で上位表示させるために講じる施策のことをいいます。

SEOについては、ごく真っ当なものから完全にブラックなものまで、実にさまざまな施策が存在しているのですが、あくまで必要最低限のものにとどめるのが得策でしょう。

過剰なSEO対策は、必ずといっていいほど高い確率でGoogleに見抜かれ（現在ではYahoo! もGoogleの検索エンジンシステムを採用していますので、検索エンジンといえばGoogleと考えてもらって結構です）、かえって検索結果の順位を下げることにつながりかねないからです。余分につぎ込んだ労力で自分の首を絞めることがないよう、十分注意してください。

最低限、実施すべきSEOの内容としては、以下のようなものがあります。

・タイトルやコンテンツにキーワードを入れる

Googleのロボットは、タイトルやコンテンツに含まれるキーワードの種類及びその出現頻度などから、そのページがどんな情報を取り扱ったものであるかを判断しています。そのため、タイトルやコンテンツには必ず、検索結果で上位表示を狙いたいキーワードを入れる必要があります。

ただし、だからといってコンテンツ中に大量にキーワードを入れたり、文脈に関係なくキーワードを出現させたりすることは絶対にやめてください。非常に高い確率でペナルティを受けて、かえって検索順位を下げてしまうことになるからです。あくまで不自然にならない範囲で、ほんの少しだけ意識して余分にキーワードを入れる程度に抑えてください。

・メタディスクリプションを適切に記述する

メタディスクリプションとは、ホームページのページごとにそのページの内容を簡単に説明するために記述される文章のことをいいます。

具体的には、ページを構成するhtml（ウェブページの構成を作るために必要な言語）のhead内にある「meta name="description" content="〇〇"」の〇〇部分に記載することになります。本筋の話から大きくズレてしまうので、これ以上詳しい話はしませんが、実際にやってみれば、それほど難しいことではありませんので安心してください。

実は、メタディスクリプションは直接的にSEOに効果を発揮するものではなく、検索結果におけるクリック率の改善を通じて、間接的に効果を発揮するものです。しかし、SEO上、効果が出る施策であることは間違いありませんので、ぜひとも、面倒臭がらずにメタディスクリプションを記述していただきたいと思います。

②WordPressを利用する

新たにホームページを制作する際には、従来型のホームページではなく、WordPressを利用したホームページを制作されることを強くおすすめします。

WordPressとは、ブログのような更新型のホームページを簡単に構築できるCMS

(Contents Management System)のことで、いったん構築してしまえば、ホームページ制作の知識が全くない人でも手軽にページを追加したり、記事を更新したりすることができます。つまり、ホームページ制作業者に頼ることなく、ホームページを主体的に集客活動に活用することが可能になるわけです。

また、WordPressを利用して制作したホームページは構造的にSEO上、有利になるといわれていますので、特別な事情がない限り、WordPressを利用してホームページを制作するようにしてください。制作業者に注文する際には、「WordPressを利用したホームページにしたいのですが」と伝えるだけでOKです。それで十分、こちらの意図は伝わるはずです。

なお、せっかくWordPressを利用してホームページを作るのなら、その特性を生かして、ホームページ内にスタッフが自由に投稿できるブログを設置するようにしましょう。

投稿する内容は、仕事に関することに限らず、その日のランチやプライベートに関することなどでも構いません。継続的に記事を投稿していけば、スタッフ紹介ページの内容と相まって、お客さんからの信頼や好感を獲得するのに効果を発揮してくれるはずです。

③ Google Analyticsを利用する

集客目的で運営するホームページには、お客さんのアクセス状況等を把握するために必ずアクセス解析ツールを導入する必要があります。

アクセス解析ツールにもさまざまなものがありますが、特にこだわりがなければGoogleが提供するアクセス解析ツール「Google Analytics」（https://analytics.google.com/analytics/web/）を利用されることをおすすめします。非常に高機能であるにもかかわらず、無料で利用することができますので、ホームページには必ず導入するようにしてください。

Google Analytics上で確認しておくべきデータとしては、以下のようなものがあります。

・ユーザー数

ホームページへの訪問者数を示すものです。

・セッション数

ホームページを訪問してくれたお客さんが閲覧してくれたページ数を示すものです。

たとえば、1人のお客さんがホームページを訪れ、3ページを閲覧した後、ホームページを閉じた場合のユーザー数とセッション数は、「ユーザー数1　セッション数3」とカウントされます。

・直帰率

ホームページを訪問してくれたお客さんがホームページ内の他のページに遷移することな

く、そのままホームページを閉じてしまった割合のことです。

直帰率が高いということは、何らかの理由でホームページを訪問してくれたお客さんを満足させることができなかった可能性が高いということを示唆しています。

・セッション継続時間

お客さんがホームページを閲覧した時間の長さのことです。

セッション継続時間が短いということは、直帰率が高い場合と同様に、何らかの理由でホームページを訪問してくれたお客さんを満足させることができなかった可能性が高いということを示唆しています。

・ユーザー地域

ホームページにアクセスしているお客さんの所在地域のことです。

市区町村単位のアクセス数まで把握することができます。

・参照元

ホームページへとアクセスしてきた際のリンク元のことをいいます。

たとえば、Google検索の検索結果からホームページにアクセスしてきたケースについては、Googleが参照元ということになります。

以上がGoogle Analytics上で確認しておくべきデータになります。

念のため申し上げておきますが、これらのデータをただ、なんとなく確認するだけでは何の意味もありません。これらのデータを参考にして問題点を発見し、その問題点を解消するべく、何らかの施策を講じてこそ、Google Analyticsを利用する意味が生まれます。その点を、絶対に忘れないようにしてください。

なお、お客さんが検索エンジン経由でホームページにアクセスした際の検索キーワードについては、Google Analytics単体では把握することができず、別途、Googleが提供している「Google Search Console」（https://search.google.com/search-console/）というツールを導入する必要があります。こちらも無料で利用することができますので、合わせて導入しておきましょう。

5 無料レポートを作ろう

さて、ここからはインターネット集客に取り組むにあたって重要となるホームページ以外の集客ツールについて、簡単に説明しておきたいと思います。

まずは**無料レポート**についてです。

無料レポートとは、一定のジャンルの有益な情報を取りまとめた電子書籍のようなものです。小さな不動産屋が行なうインターネット集客の場面では、既に触れた通り、見込み客リストを獲得するためのプレゼントとして利用することになります。

お客さんが欲しがっているであろう情報を取り扱った有益な無料レポートをプレゼントすれば、お客さんから感謝され、少なからず返報性の原理（人は他人から、なんらかの恩義を受けると、それに報いなければならないという心理状態になること）が働くことになりますので、ぜひ、しっかりとしたリサーチに基づいて、お客さんから大いに感謝されるような無料レポートを作成するようにしてください。

無料レポート作成上の主なポイントは、次の通りです。

①ターゲット

無料レポートの内容は、自社が設定しているターゲットに近い人に「不動産取引に入る前にどんなことを知りたかったですか（あるいは知りたいですか）。また、どんなことに不安を感じていましたか（あるいは、感じそうですか）」と質問し、その回答を参考にして決定します。

②タイトル

無料レポートのタイトルは、お客さんが請求せずにはいられなくなるような魅力的なものにする必要があります。

タイトルを魅力的なものにするコツとしては、次のようなものがあります。

・読むことによって得られるメリット、避けられるデメリットを表現する
・ターゲットを示す言葉を入れる

・数字を入れる
・簡単、お手軽要素を入れる
・情報の秘匿性を表現する言葉を入れる

具体的なタイトル例としては、こんな感じです。

「売主様必見！　不動産安売り絶対回避マニュアル」

「15分で読めて１００万円得する！　住宅購入費用節約読本」

「プロはどんな家を買うのか？　不動産屋の営業マン、本気の内緒話」

③目次

目次をしっかりと作り込んでください。その後の執筆作業もスムーズになります。

④本文

無料レポートの本文部分の長さは15ページから30ページ程度にしてください。長すぎると、最後まで読まれなくなります。ストレスなく読んでもらえるように、一文一文をなるべく短くする、専門用語を使う場合は注釈を入れる、難しい漢字を使わない、改行を多めに入れる、といったルールを順守してください。

⑤執筆者情報

スタッフ紹介ページの掲載情報と同じ要領で執筆者情報を入れてください。なるべく信頼と親しみを感じてもらえるような内容にすることを心がけましょう。

⑥データ形式

無料レポートの提供データ形式はＰＤＦにしてください。Wordを利用している場合、「ファイル」→「エクスポート」→「ＰＤＦ／ＸＰＳの作成」の順に進むと、Wordで作成した文章をＰＤＦ化することができます。

なお、無料レポートが無事完成したら、それを無料小冊子にしてオフライン集客の場面でもしっかりと活用してください。オンライン集客（インターネット集客）で効果を発揮する取り組みは、オフライン集客でも同様に大いに効果を発揮してくれます。

無料レポートの作成方法について、もう少し詳しく解説した動画講座を用意しましたので、必要とされる方は２７０ページからご請求ください。

6 メールマガジンを発行しよう

次に、メールマガジンについてです。

メールマガジンとは、メールで有益な情報の提供を行なう媒体のことです。小さな不動産屋が行なうインターネット集客の場面では、無料レポートプレゼントによって獲得した見込み客リストに継続的に接触し続けるため、利用することになります。

メールマガジンを通じてお客さんが知りたがっているであろう有益な情報を継続的に提供し続ければ、無料レポートの項目でも触れた返報性の原理が働くのはもちろんのこと、さらに**単純接触効果**（人は望ましい形での接触回数が増えるほど、相手に対して好意を抱きやすくなること。メールマガジンなどを通じた間接的な接触であっても、単純接触効果があるものとされています）まで得られ、お客さんに非常に選んでもらいやすい状況を作り出すことができます。

そのビジネス上の効果は絶大ですので、ぜひともメールマガジンを発行するようにしてください。

メールマガジンの発行に関する主なポイントは、以下の通りです。

①内容

メールマガジンでの売り込みはなるべく控えてください。具体的には、お役立ち情報と売り込み情報の配信比率を8対2程度までに抑えるようにしましょう。それ以上に売り込み情報が増えると、単なる広告メールと感じられてしまうことになります。つまり、返報性の原理も単純接触効果も働かなくなるということです。

お役立ち情報の内容の考え方は、無料レポートの内容の考え方と同じです。すなわち、リサーチに基づいて自社が設定しているターゲットが知りたがっているであろう情報を取り上げるということです。

なお、お役立ち情報の内容は無料レポートと被ってもかまいません。大事なことは何度伝えてもかまわないからです。ただし、伝え方については、時にはストレートに、時にはたとえ話を交えて……と変化させる必要があります。

②編集後記

必ず編集後記を入れてください。

編集後記では、自分の人となりが伝わるようなプライベートな情報を書きます。実際にお客さんとお会いした際にも、本文部分で取り上げた内容以上に、編集後記で取り上げた内容が話題になることが多いのです。つまり、編集後記が、お客さんからの信頼や親しみを獲得するのに大きな役割を果たしているものと考えられます。編集後記も本文と同様の熱量を持って書いてください。

③送信者情報

メールマガジンの末尾に以下の事項を必ず記載してください。

- 送信者の氏名または名称
- 送信者の住所
- 受信拒否の通知ができる旨
- 受信拒否の通知や問い合わせを受け付けるための電話番号、メールアドレス上記事項の記載義務に違反すると、特定電子メール法により、総務大臣及び内閣総理大臣から措置命令を受けることがあります。

④発行頻度

発行頻度は週に1回程度とします。あまり発行頻度が高すぎると、うっとうしく感じられることになりますし、逆に発行頻度が低すぎても熱心さが感じられなくなってしまいます。つかず離れずくらいの距離感を保つことが重要だということです。

⑤配信システム

メールマガジンがしっかりと届く配信システムを利用してください。

メールマガジンの配信を行なうには、メールマガジンの配信システムを利用する必要がありますが、中には、配信したメールのほとんどが迷惑メールフォルダに入ってしまうような全く使えない配信システムもあります。無料お試し期間などを利用して、その機能性をしっかりと吟味した上で導入を検討してください。

ちなみに、私が現在利用している配信システムは「Zoho Campaigns」(https://www.zoho.com/jp/campaigns/) です。この料金帯のものの中では、私が知る限り、最もメールの到達率が高い配信システムです。ただし、送信するメールのドメインを認証（ＳＰＦ／ＤＫＩＭを設定）するという手続き（詳細については利用マニュアルを参照してください）をしっかりと踏む必要があります。

メールマガジンを通じて有益な情報の提供を続けることによって、お客さんから信頼と好意を獲得することができれば、お客さんは自分の状況が整い次第、勝手に問い合わせをしてきてくれるようになります。

多少、手間はかかりますが、既に自分のことを信頼し、かつ、気に入ってくれているお客さん＝成約率の高いお客さんを集めることができる非常に合理的な方法になりますので、ぜひともメールマガジンの発行に取り組んでください。

なお、メールマガジンの記載内容等について、もう少し詳しく解説した動画講座を用意しましたので、必要とされる方は２７０ページからご参照ください。

7 インターネット集客の考え方

インターネット集客に使えるツールには、ここまでに取り上げたホームページや無料レポート、メールマガジンの他にも、実に多種多様なものがあります。

しかしながら、この使えるツールが多種多様にあるというのが、逆に厄介な面でもあります。いろいろなツールに手を出しているものの、それぞれのツールの利用の仕方に何らまとまりがないため、結果的に労力に見合うほどの成果が得られていないという方が非常に多くなっているのです。

そこで本項では、そのような不幸な事態を避けるために、どのようなツールを、どのような組み合わせで利用する場合であっても、確実に成果に結びつけることができるインターネット集客の軸となる考え方を紹介したいと思います。

その考え方を一目でわかるように表現したのが、次ページの図になります。

すべてのツールから見込み客リスト獲得ページに誘導する

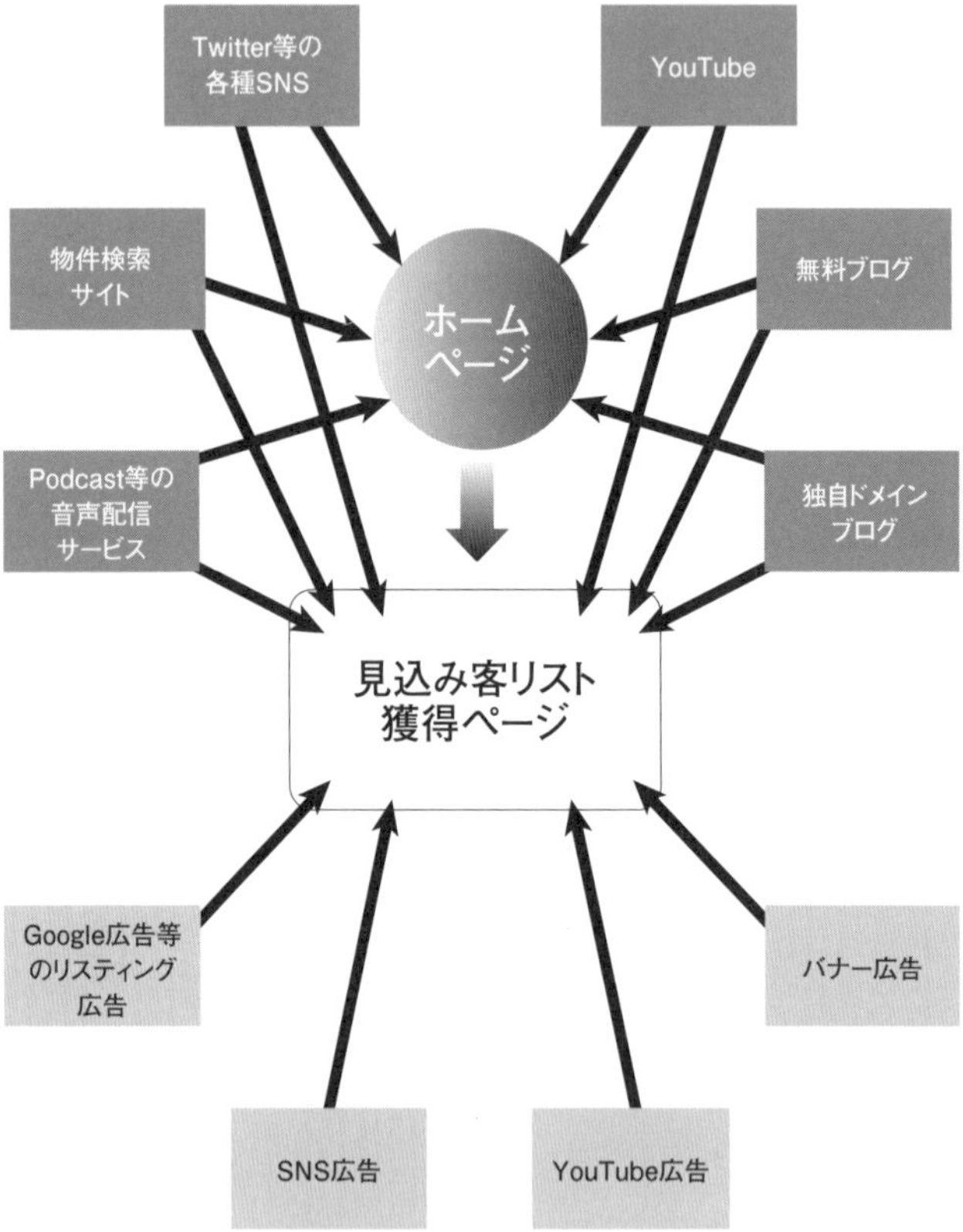

要するに、**最終的に見込み客リスト獲得ページに誘導することを狙って、すべてのツールを運用する**ということですね。

もちろん、最も理想的なのは、物件検索サイトやホームページを訪問したお客さんがそのまま、その場で問い合わせをしてくれることです。

しかしながら、それはあくまで理想の話。現実には、ほとんどのお客さんがその場で問い合わせをすることなく、ホームページを閉じて去ってしまうことになります。

この非常にもったいない事態を少しでも解消して集客数を増加させるために、最終的に見込み客リスト獲得ページに誘導することを念頭に、インターネット集客全体のあり方を考えなければならないということです。

この考え方さえ理解できていれば、どのようなツールを、どのような組み合わせで利用したとしても、必ず効率よく集客できるはずです。ぜひ、頭に叩き込んでおいてくださいね。

なお、各種広告を利用する場合については、基本的に誘導する先を見込み客リスト獲得ページに統一することをおすすめします。これは、広告費の採算を合わせやすくするためです。

8 やっぱり強力で確実、口コミ活用法

集客を図る上でインターネットと並んで重要なのが、既存のお客さんから新しいお客さんを紹介してもらうことです。

紹介のお客さんは、インターネットで集客したお客さん等から比べると、他の不動産屋に浮気されることもなく、成約率もはるかに高くなります。

そういう意味では非常に「**おいしいお客さん**」といえますので、意識的に紹介による集客を図るようにしましょう。

●お客さんの背後にいる潜在的なお客さんを狙おう

紹介による集客を図るためには、最低限、次の2つのことを確実に実践する必要があります。

1つ目は**今、目の前にいるお客さんに徹底的に満足してもらう**ことです。

既存のお客さんから新しいお客さんを紹介してもらうということは、いわば既存のお客さ

んの「信用」を利用して集客するということです。

それは裏を返せば、お客さんにしてみれば、自分の「信用」を傷つけるかもしれない危険な行為であるわけです。

だから、お客さんは「この不動産屋なら紹介しても大丈夫だ」と確信しない限り紹介などしてくれません。


では、どうすればお客さんに信用してもらえるかというと、これは日々、今、目の前にいるお客さんに徹底的に尽くして満足してもらうしかないわけです。

1人のお客さんの背後には、何人ものお客さんが潜んでいることを意識しながら、常にお客さん本位の提案を行なうよう、心がけましょう。


2つ目は、お客さんに対して、「もしもお知り合いの方でお客さんがいらっしゃったら、当方にご紹介ください」と**実際に口に出してお願いする**ことです。

これについては多くの人が勘違いされているようですが、紹介は勝手に発生するものではありません。

たまに世話好きなお客さんが、頼んでもいないのに勝手にお客さんを紹介してくれることもありますが、そういうことは極めて稀なことです。

多くのお客さんは、そもそも自分が満足したからといって、自分の知り合いをお客さんとして紹介するなどということは思いつきもしないのです。

だから、言葉で明確に「お客さんを紹介してください」とお願いする必要があるのです。

なお、実際に口に出してお願いしたとしても、紹介をしてもらうための1つ目のポイント、「今、目の前にいるお客さんに徹底的に満足してもらうこと」をしっかり実践していなければ、決して紹介にはつながりません。

そういう意味では、2つのことを必ずセットで実践するように心がけてください。

9　口コミが起きやすくなる！アフターサービスの充実

紹介が起こりやすくするために取り組みたいのが、アフターサービスの充実です。

アフターサービスは、**単にお客さんの満足度を上げるためのものであるだけでなく、お客さんにあなたのことを思い出してもらう重要なチャンス**でもありますので、しっかりやりましょう。

一般的に不動産屋というのは、「売ったら売りっぱなし」になるところが多いと思います。これには無用なトラブルを避けるためという理由もあるのでしょうが、非常にもったいない話です。

お客さんがあなたのことを覚えていてくださればこそ、紹介も受けられるのですから、恐れずに、また面倒くさがらずにアフターサービスを実施しましょう。

不動産屋で気軽にできるアフターサービスとしては以下のようなものがあります。

アフターサービス①
定期的に困りごとがないかをお聞きする

取引完了後、電話をして、不動産取引に関することで何か困りごとがないかお聞きします。これは普通の不動産屋でも、購入後1カ月後とか、半年後とかには実施していると思いますが、もっと頻繁にやろうということです。

たとえば私の場合なら、1カ月後、3カ月後、半年後と電話をし、その後も3年を経過するまでは半年に1回ずつ、5年を経過するまでは年に1回ずつ電話をします。

通常、お客さんの側も不動産屋が、ここまで自分のことを気にかけ続けてくれるとは思っていません。だからこそ、非常に喜ばれるのです。

なお、話の内容は何でもかまいません。世間話だけで済んでしまってもよいのです。

実際、これまで私は多くのお客さんのところに電話をさせてもらっています。

しかし、最初の1年こそ、転居に伴う手続きや建物の故障箇所の修繕に関することなどについてご相談をお受けすることもありますが、2年目以降については、まず何か困りごとについて相談をお受けするということはありません。

「来年、息子さんはいよいよ小学校ですね」とか、「新しくできたラーメン屋さん、結構おいしかったですよ」とか、その程度の話で終わってしまうことがほとんどです。

それでもあえて、お客さんに「何かお困りごとはないですか？」と電話を差し上げること自体に意味があるわけです。大事なのは、あなたが、取引が終わってもお客さんのことをいつまでも気にかける不動産屋であることを示すことです。

アフターサービス②　税金に関することをお教えする

私の経験からいうと、不動産取引に関わる税金についてのアドバイスというのは例外なく喜ばれます。

お客さんにとっては、不動産の取引自体そんなに経験することではありません。まして、その税金についてのことなどほとんど知識はなく、大きな不安を感じていらっしゃるものだからです。

私の場合、主に以下のようなことについてアドバイスを行なうようにしています。


【買主に対するもの】

住宅ローン利用者に対して

・住宅借入金等特別控除

住宅取得等資金について贈与を受ける方に対して
・相続時精算課税制度

【売主に対するもの】
譲渡益がある方に対して
・居住用財産を譲渡した場合の３０００万円特別控除
・10年超所有の居住用財産を譲渡した場合の軽減税率の特例
・特定居住用財産の買換え特例
譲渡損がある方に対して
・居住用財産の買換えに係る譲渡損失の損益通算及び繰越控除の特例
・特定居住用財産に係る譲渡損失の損益通算及び繰越控除の特例

一見、難しそうに思えるかもしれませんが、中身を知ってしまえば大した話ではありませんので、これくらいのことはアドバイスできるようになってください。

税金についてのアドバイスがしっかりできると、それだけでお客さんのあなたを見る目は確実に変わります。人間というのは自分が全くわからないことについて知識がある人を単純にスゴイと思うものだからです。

こうして「不動産取引のプロ」であることを再認識してもらえれば、お客さんを紹介してもらえる可能性もぐんと上がるというものです。

なお、税金についてアドバイスをするときは、**税理士法に抵触することのないよう気をつける必要があります**。あくまで一般的な解説に止め、具体的な税額の計算や申告のお手伝いなどはしないようにしてください。

アフターサービス③ 住宅ローンの見直しのお手伝いをする

住宅ローンの見直しのお手伝いもアフターサービスとしては、非常に喜ばれるものです。

お客さんは不動産に関する税金の場合と同様、住宅ローンについてもほとんど知識を持ち合わせていないからです。

また、住宅ローンは通常、長期間にわたって返済を続けていくものであるため、一度「住宅ローンの見直しのお手伝い」で喜んでもらえると、お客さんの側から自発的に「長く付き合っていきたい」と思ってもらえるようにもなります。

そういう意味では、**住宅ローンの見直しは、不動産屋にとって非常に都合のよいアフターサービス**といえますので、積極的に取り組みましょう。

住宅ローンの見直しは、主に以下の４つのことについてアドバイスを行ないます。

①金利タイプの見直し

住宅ローンの金利タイプには、変動金利・短期の固定金利・中期の固定金利・長期の固定金利など、さまざまなものが存在します。

その住宅ローンの金利タイプを、上がるとか下がるとかいった金利動向の予測に基づいて変更するのが、金利タイプの見直しです。

景気の動向が、今後の金利水準にどんな影響を与えるかを検討し、アドバイスを行なうことになります。

②住宅ローンの借り換え

借入時点での金利水準が、現行の金利水準に比べて高すぎる場合などは、金利タイプの見直しでは十分な対応ができないことがあります。

そういった場合に、住宅ローンの借入れ先となっている金融機関自体を変更するのが、住宅ローンの借り換えです。

なお、住宅ローンの借り換えに際しては、通常、借り換えのための費用が必要となりますので、その部分まで含めて借り換えの効果を判定し、アドバイスを行なう必要があります。

③繰り上げ返済

本来の返済スケジュールより早く、借入れ元本を返済してしまうことを「繰り上げ返済」といいます。

繰り上げ返済を行なうと、元本が一気に減少するため、支払利息の節減効果は非常に高くなります。

そのため、心情的には積極的に行ないたいところですが、十分な事前検討のない繰り上げ返済は非常に危険な行為といえます。いうまでもなく、手元資金を大きく減少させてしまうことになるからです。

そういう意味では、お子さんの進学などの多額の金銭が必要になるライフイベントを考慮した上で、慎重に検討すべきということになります。

④返済困難時の対応

住宅ローンの返済を続けていくのが困難になったときに、どのように対応するのかについてのアドバイスです。

返済困難時の対応は、早期に行なうのが鉄則です。

返済が遅れてからでは、売却以外に取るべき手段がなくなってしまうこともあります。返済ができなくなりそうになったら、早めに相談してもらえるように事前に伝えておく必要があります。

お客さんにとっても住宅ローンの返済ができなくなったことについて相談するということは、非常に勇気のいることです。おそらく、仲のいい友達にでもすることができない相談でしょう。

ですから、相談を受けた際には、どうするのがお客さんにとってベストの選択なのかを親身になって考えて、できるだけ的確なアドバイスをしてあげるようにしてください。

これはどんな種類の住宅ローンについてのアドバイスを行なう際にもいえることですが、**最終的にどんな選択をするのかといった具体的な意思決定についてはあくまでお客さんに委ねるようにしてください。**

つまり、あなたは、お客さんが意思決定するために必要となる客観的な情報を提供するだけという立ち位置を守るということです。

間違っても断定的に「こうするほうがいいですよ」などという言い方はしないほうがよいでしょう。住宅ローンの見直しの際の判断というのは、その道のプロであっても非常に難しいことだからです。

それでも意見を求められたときには、「責任は持てませんが、私ならこうします」という言い方をするようにしましょう。

●効果的なアフターサービスの考え方

前項で、3つのアフターサービスの方法についてご紹介してきましたが、もちろんこれに限られるわけではありません。これ以外でもお客さんが喜んでくださるものであれば、当然アフターサービスにはなりえます。

ただ、紹介を誘発するような効果的なアフターサービスにしたいなら、1つだけ気をつけていただきたいことがあります。それは、**お客さんの予測を上回るような内容のアフターサービスを行なう**ということです。

お客さんに新しいお客さんを紹介してもらいたいなら、お客さんの満足度を引き上げる必要があります。

しかし、これくらいのことなら、どこの不動産屋でもやっているだろうと思われる程度のアフターサービスをしたところで、お客さんの満足度は大して変わりません。

お客さんの満足度を引き上げ、「知り合いを紹介したい」と思ってもらうためには、お客さんの側の予測を上回る、「**普通ではない**」**サービスを提供する**必要があるのです。

いい意味でお客さんの予測を裏切ることができると、お客さんの満足度は急激に跳ね上がります。

結果として、こちらも驚くような熱心さでお客さんを紹介してくれるような人が一定の割合で出てくるようになるのです。

あなたが負担なくできることで、しかもお客さんに感動を与えられるようなアフターサービスをぜひ、じっくり考えてみてください。

10 チラシで効率的に集客する方法

インターネットでの集客に押されて、すっかり影が薄くなってしまっている印象のあるチラシでの集客ですが、実際には世間で考えられているほど効果がなくなってしまっているわけではなく、うまく利用することができれば、まだまだ集客に効果を発揮してくれます。

そこで本項では、チラシの力を存分に活用するべく、チラシでの集客に取り組む際に気をつけるべきポイントをいくつか紹介したいと思います。

・配布方法はターゲットによって使い分ける

チラシの配布方法は大きくポスティングと新聞折込に分けることができますが、不動産購入希望者向けのチラシを配布する場合については、基本的にポスティングを利用するようにしてください。

不動産購入者向けのチラシの場合、メインターゲットは30代からせいぜい40代前半の世帯ということになりますが、その年代の世帯は新聞の定期購読率が非常に低く、新聞折込を利用していては、ほとんどリーチすることができないからです。

逆に、不動産売却希望者向けのチラシの場合、メインターゲットは50代後半以上の世帯になりますが、その年代の世帯は新聞の定期購読率が高く、新聞折込が有効なチラシの配布方法となりえます。

いずれにしても、チラシの配布方法を考える際にはターゲットを明確に意識し、**そのターゲットにマッチした配布方法を選択する**ようにしてください。

・ポスティング業者はいろいろ試す

チラシの配布をお願いするポスティング業者については、最初から1社に決め打ちすることなく、いろいろなところを試すようにしてください。ポスティングの成果の出方は、業者によって大きく異なることがあるからです。

配布方法や配布地域の指定方法のバリエーション、柔軟性などを比較検討し、高い成果を出してくれそうなポスティング業者を優先的に試してみるようにしましょう。

間違っても、利用料金の安さだけで安易に選ばないことです。かえってお金をムダにすることになりかねません。

・切り口を工夫する

現在の不動産購入希望者は物件検索サイトを頻繁にチェックしているため、希望条件に近い物件情報については、不動産屋と遜色ないレベルで把握していたりします。そのため、取り扱っている物件情報が広告初登場のものでもない限り、単なる物件情報を掲載しただけのチラシでは反響を得ることが難しくなってしまっています。

そこで、チラシへの反応を高めるために実践していただきたいのが、チラシの切り口を工夫するということです。

たとえば、「不動産取引に関するお役立ち情報を提供する無料小冊子プレゼント」を告知するチラシというのは、どうでしょうか?

具体的には、次ページのような感じになります。あなたが不動産購入を検討されているお客さんの立場だったとしたら、ありきたりな物件情報を掲載しているだけのチラシより、こちらのチラシのほうに目を引かれませんか?

私なら絶対に目を引かれると思いますし、もっというなら、この無料小冊子を請求せずにはいられないと思います。

これがチラシの切り口を工夫するということの一例です。ライバルと同じことをやってい

無料小冊子プレゼントのチラシ例

「100万円どころか、200万以上も節約できてしまいました。節約できたお金は子供の教育資金としてプールしておきたいと思います。（○○市○○様）」

無料小冊子「15分で読めて100万円得する！　住宅購入費用節約読本」を期間限定でプレゼント中！　必要とされる方は今すぐご請求ください。

このたび、住宅購入をご検討中のあなたを応援するべく、何かと高くつきがちな住宅購入費用を賢く節約するためのノウハウをまとめた無料小冊子「15分で読めて100万円得する！　住宅購入費用節約読本」を作成いたしました。手前味噌ながら、かなり有益な情報の詰まった小冊子に仕上がったものと思いますので、必要とされる方はぜひともお気軽にご請求ください。

ご請求は今すぐこちらまでお願いいたします。
電話番号 000-000-0000（10時~20時）
電話がつながりましたら、「無料小冊子が欲しい」とお伝えください。至急、配送の手配をさせていただきます。
※当方から、しつこい営業を行なうようなことは100%ありませんので安心してご請求ください。

無料小冊子の「読者のご感想」はこちらのページでご覧いただくことができます。https://xxxxxxx.com/
興味のある方は、ぜひご覧になってください。

汗水たらして貯めた大切なお金をドブに捨てるようなことを絶対にしてはいけません！　あなたからの無料小冊子のご請求を心よりお待ちしています！

子育て世代の安全な住宅購入を経験豊富なFPが全力でサポート！
不動産の○○○○　電話番号 :000-000-0000
所在地 : ○○市○○町 1-1-1 代表者 : ○○○○
宅建業免許番号 : ○○知事（　）00000号 所属団体 : ○○○○○○○

る限り、得られる結果はライバルと同じようなものです。ライバルと違う結果を得たいのなら、ライバルと違うことをやるしかないのです。勇気を持ってライバルと違うことをやってみましょう。

みんながこぞって東に進んでいるときに、自分はあえて西に進むことを検討してみるのです。案外、その先には途方もない成功が待ち受けているかもしれませんよ。

11 集客を成功させるための考え方

最後に、あなたが集客を成功させるための考え方を5つ紹介します。

お客さんからの問い合わせ数や来店数が思うほど伸びない。そんな状態に陥ったときにはぜひ本項を読み返してみてください。きっと、集客を成功させるためのヒントを発見することができるはずです。

①お客さんの立場で考える

集客に関する、あらゆることはお客さんの立場で考えなければなりません。集客に関することの正解は、お客さんの立場で考えないとわかりえないものだからです。

「これは絶対にうまくいくだろう」と思っていたことがうまくいかないときというのは大抵、不動産屋の立場で集客に関することを考えてしまっています。そういうときは、改めてお客さんの立場で考え直すか、お客さん（もしくは、お客さんに近い人）に意見を求めるかして

料金受取人払郵便

神田局
承認
7635

差出有効期間
2024年4月30
日まで

郵便はがき

101-8796

511

(受取人)
東京都千代田区
神田神保町1－41

同文舘出版株式会社
愛読者係行

毎度ご愛読をいただき厚く御礼申し上げます。お客様より収集させていただいた個人情報は、出版企画の参考にさせていただきます。厳重に管理し、お客様の承諾を得た範囲を超えて使用いたしません。メールにて新刊案内ご希望の方は、Eメールをご記入のうえ、「メール配信希望」の「有」に○印を付けて下さい。

図書目録希望	有	無	メール配信希望	有	無

フリガナ お名前		性別 男・女	年齢 才
ご住所	〒 TEL　(　　)　Eメール		
ご職業	1.会社員　2.団体職員　3.公務員　4.自営　5.自由業　6.教師　7.学生　8.主婦　9.その他(　　)		
勤務先分類	1.建設　2.製造　3.小売　4.銀行・各種金融　5.証券　6.保険　7.不動産　8.運輸・倉庫　9.情報・通信　10.サービス　11.官公庁　12.農林水産　13.その他(　　)		
職種	1.労務　2.人事　3.庶務　4.秘書　5.経理　6.調査　7.企画　8.技術　9.生産管理　10.製造　11.宣伝　12.営業販売　13.その他(　　)		

愛読者カード

書名

◆　お買上げいただいた日　　　　　年　　　月　　　日頃

◆　お買上げいただいた書店名　　（　　　　　　　　　　　）

◆　よく読まれる新聞・雑誌　　　（　　　　　　　　　　　）

◆　本書をなにでお知りになりましたか。

1．新聞・雑誌の広告・書評で　（紙・誌名　　　　　　　　　）

2．書店で見て　3．会社・学校のテキスト　4．人のすすめで

5．図書目録を見て　6．その他（　　　　　　　　　　　　　）

◆　本書に対するご意見

◆　ご感想

●内容	良い	普通	不満	その他（　　　　）
●価格	安い	普通	高い	その他（　　　　）
●装丁	良い	普通	悪い	その他（　　　　）

◆　どんなテーマの出版をご希望ですか

<書籍のご注文について>

直接小社にご注文の方はお電話にてお申し込みください。宅急便の代金着払いにて発送いたします。1回のお買い上げ金額が税込2,500円未満の場合は送料は税込500円、税込2,500円以上の場合は送料無料。送料のほかに1回のご注文につき300円の代引手数料がかかります。商品到着時に宅配業者へお支払いください。

同文舘出版　営業部　TEL：03－3294－1801

みてください。きっと、うまくいかない理由に気づけるはずです。

②失敗を恐れず、やってみる

集客方法でうまくいきそうな気がするものについてはあれこれ考えず、とりあえずやってみましょう。どんな集客方法もやってみない限り、実際の効果のほどはわからないからです。うまくいかなければ、「ああ、この方法はうまくいかないのだな」と見切りをつけて、次の集客方法に取り組めばいいのです。うまくいくかどうかの事前検討に、必要以上に時間をかけすぎないように注意してください。

③お金を使う

たとえ手元資金が乏しくても、集客に必要なお金は惜しまずに使いましょう。お金を使って、さっさと集客できるようにならないと、さらにお金のない状況に追い込まれることになるからです。何もしなくても、事務所賃料や生活費は容赦なく出ていきますからね。

時々、「儲かったら、集客にお金を使います」などという人がいますが、考え方が逆です。儲かっていないからこそ、お金を使ってでも、さっさと集客できるようになる必要があるのです。その点、決して誤解されませんように。

④差別化する

後発の小さな不動産屋は絶対に、競合他社と差別化しなければなりません。競合他社と差別化し、意図的に「違い」を作り出さなければ、規模でも実績でも劣る、後発の小さな不動産屋がお客さんに選んでもらえる理由がないからです。

ターゲットを絞る、提供サービスを絞る、自社独自のメリットを強く打ち出すなどして、意図的に「違い」を作り出し、その「違い」を強く訴求していきましょう。

お客さんに「この不動産屋も同じようなものだな」と思われたら、そこで終わりです。小さな不動産屋にとって差別化することこそが、お客さんに選ばれるための唯一の道であることを、しっかりと肝に銘じてください。

⑤逆を選択する

これは④の差別化と内容的に重なる部分があるものの、非常に重要な考え方なので分けて取り上げることにしました。

競合他社の大半が、集客について同じような選択をしているときには、あえてそれとは逆の選択をすることを検討してみてください。競合他社の大半と同じような選択をしている限り、よくても凡庸な結果しか得られませんし、ともすれば競合他社に埋もれて全く成果が得られないような状況に陥ってしまうことになりかねないからです。

逆を選択するといわれても、少しわかりにくいと思いますので、いくつか具体例を挙げてみたいと思います。

- **競合他社の大半がインターネット集客に注力している状況の中で、自社はあえてチラシ等のオフライン集客に注力する**
- **競合他社の大半がAという物件検索サイトばかりを利用している中で、自社はあえてBという物件検索サイトを利用する**
- **競合他社の大半が住宅ローンの審査に通過しやすいお客さんをターゲットにしている中で、自社はあえて住宅ローンの審査に通過しにくいお客さんだけをターゲットにする**

大体、イメージできたでしょうか。

もちろん、常にこの方法で望ましい成果が得られるわけではありません。前より状況が悪くなってしまうこともありえるでしょう。

しかしながら、成果の出にくい現状を打破しうる非常に有効な考え方であることは間違いありませんので、ぜひとも心に留めておいてください。きっといつか、あなたに大きなビジネスチャンスをもたらしてくれることがあるはずです。

以上の5つが、集客を成功させるための考え方になります。

中には「当たり前の話じゃないか」と感じるようなものもあったかもしれませんが、実際に集客がうまくいかず困っている際には、なかなかこういった有効な考え方ができなくなってしまうものです。将来的に集客に行き詰まることがあったら、ぜひ本項を読み返してくださいね。

5章

経験ゼロからはじめる人のための実務のルール

1 実務経験ゼロでも不動産仲介業ははじめられる！

1章でも述べた通り、不動産屋は外から見ると、特別な知識や経験がないとやっていけないビジネスのように見られがちですが、実際にはそんなことはありません。

宅地建物取引士資格試験に合格できるくらいの知識があれば、あとは実務の流れ程度を学ぶだけでどうにかやっていけます。

あえて誤解を恐れずにいうのなら、不動産屋は不動産そのもののプロ（不動産鑑定士）ではありませんし、建物のプロ（建築士）ではありませんし、法律のプロでもありません。

不動産屋は「**不動産取引**」**のプロ**なのです。

そういう意味では、不動産取引がうまくいくようお世話をすることができる人であれば、不動産や建物、法律について特別な知識や経験がなくても不動産屋たりえるのです。

●不動産取引のプロとして十分やっていける

実際、知識も経験も全くない状態で不動産屋に入社した営業マンが、2～3カ月もすれば、「不動産取引」のプロとして特に違和感を持たれることもなくお客さんの対応をしています。ましてや宅建資格を持っている人なら何を尻込みする必要があるでしょう。必ず、十分やっていくことができますので、自信を持ってまずははじめてみてください。

ちなみに自ら宅建資格を保有していない人でも、宅建資格を保有している人を雇用し、専任の宅地建物取引士の設置要件を満たせば、宅建業の免許を受けることができます。ただし、開業当初から宅地建物取引士を雇い入れるというのは資金的な負担も大きくなりますので、できる限りご自身が専任の宅地建物取引士となることをおすすめします。

●実務の流れを知ろう

いくら不動産屋が特別な知識や経験がなくてもはじめられるといっても、実務の流れ程度のことは知っておかなければなりません。

本章ではみなさんがいざ実務に就かれたときに困らないよう、最低限、知っておきたい実務の流れを示しておきます。

なお、ここでは独立開業後、多く取り扱うことになるであろう次の実務の流れについて説明しています。

①賃貸借契約における借主側の仲介をする場合
②賃貸借契約における貸主側の仲介をする場合
③売買契約における売主側の仲介をする場合
④売買契約における買主側の仲介をする場合

それでは、次項から、それぞれの実務について詳細に説明していきます。

2 実務の流れ①【賃貸・借主側業者編】

それでは、賃貸借契約の借主側の仲介をする場合の実務の流れを見ていきましょう。

(1) 物件に対する希望条件の確認
↓
(2) レインズ等を通じて物件を探す
↓
(3) お客さんに物件情報を紹介する
↓
(4) 現地を案内する
↓
(5) 入居申込書の記入

(6) 取引に必要な費用等の説明
↓
(7) 重要事項の説明
↓
(8) 賃貸借契約書の受け渡し
↓
(9) 賃貸借契約書と入居諸費用を持参
↓
(10) カギ渡し

(1)物件に対する希望条件の確認

お客さんが来店されたら、まず最初に行なうのがこの物件に対する希望条件の確認です。物件に対する希望条件の確認は、あらかじめ用意してある希望条件についてのアンケートに基づいて行なうのが一般的です。

ある程度お客さん自身で記入してもらった後に、より詳細な条件を確認していきます。アンケート等で確認すべき事項としては、次のようなものがあります。

【個人情報グループ】
- 氏名
- 住所
- 電話番号
- 携帯番号
- メールアドレス
- 職業
- 勤務形態

【物件基本情報グループ】
- 物件の種別
- 間取り
- 物件を探しているエリア
- 賃料の範囲

・初期費用の上限
【こだわり条件グループ】
・トイレ・バスが一緒でもよいか
・ベランダの向きの希望はあるか
・オートロックを希望するか
・室内洗濯防水パンを希望するか
・ペットを飼育するか
・その他

【個人情報グループ】については、連絡を取るために「氏名」と、「電話番号」か「メールアドレス」のどちらかは必ず確認するようにします。

重要なのが、「職業」と「勤務形態」です。

無職の方や収入が極端に低い方は、多額の銀行貯金でもない限り、入居審査に通りませんので、無駄足を踏むことがないよう、この時点でチェックするわけです。

もし、そういう方がお客さんとして来店された場合には、できるだけ失礼がないよう注意を払いながら、まずはお客さんの収入の状況等を改善してから再びご来店いただくようお願

ご希望条件に関するアンケート（賃貸版）

お名前	
ご住所	
電話番号	（　　　）
携帯番号	（　　　）
メールアドレス	@
ご職業	
勤務形態	正社員 ・ 契約社員 ・ 派遣社員 ・ アルバイト パート ・ 自営業 ・ 無職
物件の種別	マンション ・ アパート ・ 戸建 ・ テラスハウス
間取り	ワンルーム ・（　　　）K ・ DK ・ LDK
物件を探しているエリア	※具体的な地域があればご記入ください。 （　　　　）駅から徒歩（　　　）分以内もしくは （　　　）km 以内
賃料の範囲	（　　　　）円から（　　　　）円
初期費用の上限	（　　　　）円まで
トイレ・バス	必ず別 ・ 一緒でもよい
ベランダの向き	希望あり（　　　）・ 希望なし
オートロック	必要 ・ 不要
洗濯パン	室内 ・ 室外でもよい
ペット	飼育しない ・（　　　　　）を飼育する
その他	

いしましょう。

また、生活保護を受けられる可能性のある方なら、行政の担当者などを紹介して収入を得られるようにお手伝いしてあげてもよいと思います。

【こだわり条件グループ】については、もっといろいろな条件が考えられないわけではないですが、こちらから確認するのは、この程度にとどめるほうが賢明です。

これ以上のことをあれこれ聞き始めると、条件にマッチする物件がなくなり、かえって自分の首を絞めることになることもありますので注意してください。

(2)レインズ等を通じて物件を探す

お客さんから希望条件を聞き出すことができたら、その条件に合う物件情報を探します。

物件情報を探すのには、基本的に**レインズ**（REINS、http://www.reins.or.jp/）を使います。

レインズとは、全国で4つの不動産流通機構が運営している宅地建物取引業者が不動産情報を交換するためのコンピュータ・ネットワーク・オンラインシステムです。

条件に合う物件を見つけたら、物件情報を登録している宅建業者に連絡をし、資料を請求します。

最近はレインズ上に物件資料を画像として登録していることが多いですが、物件資料をレインズでダウンロードした場合も、まだその物件が空いているのかどうかの確認を取ることは忘れないようにしてください。

さらに、賃貸物件については各賃貸管理会社が作成している**「空室一覧表」**（呼び方は地域や管理会社によって異なることもあります）も活用します。

賃貸管理会社の中にはレインズへの登録はほとんどせず、物件情報の公開はもっぱら空室一覧表によって行なっているところもありますので、こちらもしっかりチェックしましょう。

なお、空室一覧表は賃貸管理会社に電話をして「空室一覧表」をいただけますかといえば、FAXなどでもらうことができます。

(3)お客さんに物件情報を紹介する

次に集まった物件情報をお客さんに紹介していきます。

お見せする物件情報は**5、6件程度**がよいでしょう。これ以上多くの物件情報をお見せしてもお客さんを悩ませるだけだからです。

条件に合う物件がたくさん出てきた場合には、5、6件をチョイスし、残りの分は二の矢のつもりで温存しておきましょう。

なお、物件資料をお客さんに渡すときは、他の宅建業者からもらった資料をそのまま渡すのではなく、**他の宅建業者の情報を自社情報の画像で覆い隠す**などして加工したものを渡すようにしてください。

実際にはそんなことはないのですが、お客さんは、物件資料を作成している宅建業者のところで契約をするほうが自分にとって有利になるのではないかと考えがちです。そのため、他の宅建業者からもらった資料をそのまま渡してしまうと、そちらに直接連絡を取るようなお客さんが、どうしても出てきてしまうのです（私も何度かやられたことがあります）。

少し面倒な作業ではありますが、必ずやるようにしてください。

(4)現地を案内する

お見せした物件情報の中にお客さんが気になる物件があったら、現地を案内します。

既に空き家になっている物件であれば、管理会社等に連絡の上、出向けば、カギは貸してもらえますので、すぐに案内することができます。

最近は現地にカギを保管するためのキーボックスなどを設置している物件も多く、その場合はキーボックスの開け方を聞けば、現地に直接行って案内することができます。

先ほど物件情報は5、6件ほど提供するのがよいと書きましたが、**実際に案内する物件はさらに3、4件程度に絞るべき**です。

これ以上の数を案内しても、かえってお客さんは混乱して最終決定ができなくなるだけだからです。

なお、見たことのある物件の数が少ない間は難しいかもしれませんが、接客の場数を踏んでいくと、お客さんが気に入りそうな物件は段々にわかるようになってきます。自分なりにお客さんが意思決定しやすいように考えて、案内順を決定するようにしてください。

(5)入居申込書の記入

案内をした結果、お客さんが物件を気に入られた場合には、「**入居申込書**」と呼ばれる書面に必要事項を記入してもらいます。この入居申込書を貸主側の宅建業者に提出して、入居できるかどうかの審査をしてもらうわけです。

契約条件についての交渉はこの入居申込書を通じて行なうことになりますので、家賃や初期費用（敷金や礼金等）、入居時期等についてのこちら側の要望などをお客さんとしっかり相談しながら決めていきましょう。

家賃や初期費用、入居時期については、基本的にこれより後になって貸主側に交渉するこ

入居申込書

申込日 （　　　）年 （　）月 （　）日

物件	名称		号室	
	所在地		契約期間	
契約条件	保証金 敷金　万円	解約引 礼金　万円	管理費 共益費　円	その他 円
	駐車場　必要・不要	駐車場番号	駐車場代　円	駐車場保証金　円

申込者	フリガナ		職業等	勤務先名	
	氏名			勤務先住所	
	現住所			勤務先電話番号	
	年月日			業種	
	電話番号			勤続年数	
	携帯番号			年収	
	転居理由			勤務形態	

	氏名	続柄	生年月日	年齢	勤務先・学校名等	年収
入居者						

連帯保証人	フリガナ		職業等	勤務先名	
	氏名			勤務先住所	
	現住所			勤務先電話番号	
	生年月日			業種	
	電話番号			勤続年数	
	携帯番号			年収	
				勤務形態	

申込業者		担当者	
所在地		電話番号	
		FAX	

とはできませんので、この時点でしっかり条件交渉を行なってください。

この入居申込の条件を貸主側が承諾した場合、宅建業者間の取引慣行として申込の撤回は許されにくくなります。

撤回した場合、法律的な根拠のあるなしは別にして、預り金（お客さんに入居申込書を書いてもらう際、入居申込の意思が確かなものであることを確認するため、お客さんからお預かりする金銭のこと）の返還を拒む宅建業者もありますし、少なくともあなたの宅建業者間での信用は大きく傷つくことになります。ですから、お客さんの気持ちがしっかりと固まっていることを確認した上で、入居申込をしてもらうようにしてください。

なお、入居申込書には年収等の記入欄があり、お客さんによっては記入を嫌がる方もいらっしゃると思いますが、家賃の支払い能力を検討するために先方としても必要な情報であることを説明し、記入してもらいましょう。

年収等については、後日、貸主に契約書を渡す際に所得証明書の添付が要求されますので、所得証明書の記載金額と大きな違いが出ないよう記入してもらってください。

(6)取引に必要な費用等の説明

この取引において、いくらくらいの費用が必要になるかを詳細に説明します。

取引に必要な費用としては、以下のようなものがあります。

・敷金

賃借人（借主）が賃貸借契約期間中に賃貸人（貸主）に対して負う、すべての債務を担保するために賃貸人に差し入れる金銭です。

賃料の滞納や物件内の故障などがなければ、賃貸借契約終了時に賃借人に返還されます。

・礼金

権利設定の対価等として、賃借人から賃貸人に支払われる金銭のことです。

礼金は敷金と違って賃貸人の収入となります。つまり、賃貸借契約終了時に賃借人に返還されることはありません。

なお、権利金は礼金とほぼ同じ性質のものと考えてもらって結構です。

・保証金

敷金としての部分と礼金としての部分をあわせ持つ一時金のことです。

たとえば、「保証金50万円・解約引30万円」という条件は、「敷金20万円・礼金30万円」という条件と同じことになります。

なお、敷金・礼金と保証金はどちらかの形で請求されるものであって、両方共が請求されるということは、まずありません。

・賃料

通常、1カ月分＋1カ月に満たない日割り分の賃料を前払いします。

たとえば、

賃料6万円、翌月分賃料月末支払い、入居時期4月21日

という契約であれば、初期費用としての賃料は、

6万円＋6万円×10／30＝8万円

必要になるケースが多いです。

日割り賃料等については、貸主側の宅建業者から初期費用の一覧表などを通じて指示がありますので、それに従う形になります。

・共益費

入居するのが賃貸マンション等であれば、共益費が必要になります。これは階段や廊下等の共用部分の維持管理のために徴収されるものです。

なお、物件によっては管理費と呼ばれることもありますが、(少なくとも入居者にとっては)特に違いはないと考えていただいて結構です。

支払い方法については賃料と同様になります。

・駐車場代

基本的に賃料と同様に考えていただいて結構です。

なお、駐車場代が賃料に込みになるという契約もあります。

・仲介手数料

不動産屋がお客さんから受け取る報酬です。

居住用の賃貸物件を仲介する場合、お客さんからの事前の承諾がない限り、賃料の半月分＋消費税が上限金額となります。

なお、いまだにお客さんが反論しないことを黙示の承諾と捉え、賃料1カ月分＋消費税で仲介手数料を請求している不動産屋もあるようですが、真似をしないほうが賢明です。

・火災保険料

賃貸借契約を締結するための前提条件として、家財についての火災保険への加入が求められており、借主はその保険料を負担する必要があります（建物本体については通常、貸主が火災保険に加入されています）。

火災保険は一般的に管理会社が指定するものに加入することになります。

・その他

物件や管理会社によってはカギ交換代や清掃代、消毒代などの費用が必要になることがあります。

なお、初期費用について説明するときに合わせて契約に必要となる添付書類についても説明します。


契約に必要となる添付書類としては、以下のようなものがあります。

・住民票
入居者全員の記載のある住民票が必要です。

・所得証明
給与所得者であれば、源泉徴収票、自営業者であれば確定申告書の控えや納税証明書がこれにあたります。

・印鑑証明書
賃貸借契約の連帯保証人となる人の印鑑証明書です。

通常、連帯保証人は連帯保証することの意思を明確にするため、契約書に実印で押印することが求められます。その実印についての印鑑証明書を添付するわけです。

なお、管理会社によっては契約者本人の印鑑証明書も必要となることがあります。

初期費用や添付書類については伝え漏れがないよう、口頭で伝えるだけでなく、必ず一覧表などを作り、お客さんに渡して伝えるようにしましょう。

(7)重要事項説明

条件交渉が成功したら、次に行なうのは重要事項説明です。

重要事項説明はあらかじめ作成しておいた重要事項説明書に基づいて行ないます(重要事項説明書の作成については5章7項)。

重要事項説明は、宅地建物取引士と呼ばれる国家資格者でないと行なうことができません。宅地建物取引士が宅地建物取引士証をお客さんに提示した上で説明を行ないます。

賃貸の場合、重要事項の説明を軽視し、非常に簡単に済ませてしまう宅建業者もあるようですが、トラブルのもととなりますので、お客さんに内容を理解してもらえるように丁寧に説明しましょう。

なお、現在、重要事項説明についてはオンラインテレビ会議システムを使った、いわゆる「IT重説」を行なうことが認められるようになっています。IT重説の詳細については国土交通省より実施マニュアルが公表されていますので、一度、そちらをご確認ください(https://www.mlit.go.jp/totikensangyo/const/content/001397149.pdf)。

(8) 賃貸借契約書の受け渡し

賃貸借契約の場合、貸主と借主さんが一堂に会して契約することはほとんどなく、契約書を持ち回ってそれぞれに署名捺印をしていきます。

賃貸借契約書は通常、貸主側の宅建業者が作ります。その内容を確認した上で、お客さんに渡します。連帯保証人の署名捺印をもらってきていただく必要があるからです。

この際、**付箋などを使って、署名捺印について誤りや漏れが起こらないよう心配りをしましょう。**

署名捺印の済んだ賃貸借契約書をお客さんから受け取る際には、記入上の誤りや漏れ、添付書類の不備などがないかをチェックします。

ここでチェックミスをすると、入居時期に契約書が間に合わないようなことも起こってきますので、しっかりとチェックしてください。

賃貸借契約書については、自社で仲介判（仲介業者が仲介する契約の契約書に押す印鑑のこと）を押すことや、必要事項の記入をすることも忘れないように気をつけてください。

また、このお客さんから契約書を受け取るのと同じタイミングで入居諸費用についても受け取ることになるわけですが、こちらもミスがないよう、しっかりと金額などを確認するようにしましょう。

なお、貸主側の宅建業者に引き渡す金銭については預り証、自社が受け取る仲介手数料については領収書を準備します。

(9)賃貸借契約書と入居諸費用を持参

次に、賃貸借契約書と入居諸費用を貸主側の宅建業者に持参します。

最近は、入居諸費用は指定口座への振込でしか受け付けないという宅建業者も多くありますので、その点については先方の指示に従ってください。

なお、多くの賃貸物件の場合、貸主側から広告料(呼び名は地域によって異なる)という金銭が支払われますが、これについても勝手に入居諸費用から先引きしたりしないで、どうするべきかを必ず先方に確認するようにしてください。

ちなみに、賃貸借契約書についても郵送で済ますことができますので、先方に行く時間も惜しいほど忙しいときには郵送してしまってもよいでしょう。

(10)カギ渡し

賃貸借契約書に貸主が署名捺印すると、晴れてすべての手続きが完了し、借主分の契約書が戻ってきます。

この賃貸借契約書を貸主側の宅建業者から受け取るときに、カギも同時に受け取ることができますので、あとはこれらをお客さんに引き渡せば、取引は完了です。

なお、お客さんにカギ渡しをする前に、今一度物件の状況は自分の目で確認しておいたほうがよいでしょう。管理会社側の手落ちで改装が不完全であったり、清掃されていなかったりということがしばしばあるからです。

お客さんに気持ちよく入居してもらえるよう、この程度の手間は惜しまないようにしましょう。

3 実務の流れ②【賃貸・貸主側業者編】

次に、賃貸借契約の貸主側の仲介をする場合の実務の流れを見ていきましょう。

(1) 賃貸条件などを決定し、媒介契約を締結
↓
(2) 物件資料の作成
↓
(3) 物件情報の公開
↓
(4) 借主側の宅建業者からの問い合わせなどに対応
↓
(5) 入居審査を行なう

(6)　賃貸借契約書等の作成
←
(7)　改装等の手配
←
(8)　契約書や初期費用の受け渡し
←
(9)　契約書とカギを借主側の宅建業者に引き渡す

(1)賃貸条件などを決定し、媒介契約を締結

貸主から賃貸物件の入居者募集について依頼があった場合、最初にすべきことが賃料等の賃貸条件の決定です。

既に貸主側で設定されていれば基本的にそれに従うことになりますが、そうでない場合、まずはそこから決めていく必要があるわけです。

適切な賃貸条件が設定できるよう、事前に同一エリア内の、同じような物件の資料を収集

するなど、しっかりした準備をした上で貸主にお会いするようにしましょう。

賃貸条件が設定できたら、その条件で入居者を募集することについての媒介契約を締結します。

媒介契約には、**一般媒介契約、専任媒介契約、専属専任媒介契約**の3つの種類のものがあります。それぞれの媒介契約間の違いは次ページの表の通りです。

依頼を受ける宅建業者側からすると、一般媒介契約よりは専任媒介契約、専任媒介契約よりは専属専任媒介契約が望ましいということになると思いますが、貸主側の意向を十分、汲んで適切な種類の媒介契約を選択しましょう。

賃貸借の媒介契約では、法律上、媒介契約書を作ることは要求されていませんが、**後日のトラブル防止のためにも作成しておくほうが賢明**です。

媒介契約書の書式は所属する宅建業者の団体のホームページ等でダウンロードすることができます。

なお、物件資料を作成するにあたって、建物の図面が必要になります。

初めて入居者募集の依頼をお受けする物件については、貸主と打ち合わせをする際に内部を見せていただき図面を描くようにします（貸主が図面を持っていらっしゃれば、それを流

媒介契約間の違い

	有効期間	複数業者への依頼	自己発見取引	指定流通機構への登録義務	依頼者への報告義務
一般媒介契約	なし	可	可	なし	なし
専任媒介契約	３カ月以内（３カ月を超える契約をすると３カ月になる）依頼者からの申し出があれば更新可	不可	可	契約締結の日から７日以内（休業日を除く）	２週間に１回以上
専属専任媒介契約	３カ月以内（３カ月を超える契約をすると３カ月になる）依頼者からの申し出があれば更新可	不可	不可	契約締結の日から５日以内（休業日を除く）	１週間に１回以上

用してもかまいません）。

方眼紙を使って半間を1マス、一間を2マスとして描きとめれば、大体の間取りは記録することができます。あとはそれを持ち帰って、図面作成ソフトで描き直せばよいだけです。

ちなみに、図面作成ソフトは、特にこだわりがない限りフリーのもので十分かと思います。また、不動産屋向けのチラシ作成ソフトには図面作成機能がついているものもありますので、チラシ作成ソフトを導入される場合には、そういったものを利用されてもよいでしょう。

(2)物件資料の作成

次に、物件資料を作成していきます。物件資料には（1）で作成した図面を掲載するほか、次ページのような事項を記載していきます。

なお、物件資料を作成する際には、物件資料のひな形や物件資料作成ソフトを使用すると、記載事項の漏れなどが防げます。

物件資料のひな形や物件資料作成ソフトは、所属する宅建業者の団体等で入手することができますので、問い合わせてみてください。

【賃貸借契約の物件資料の記載事項】

- 賃料
- 共益費（物件によっては管理費）
- 敷金・礼金（物件によっては保証金・解約引）
- 物件所在地
- 最寄駅及び最寄駅からの徒歩距離（バス利用が必要な場合、バス停までの乗車時間及びバス停からの徒歩距離。徒歩距離については1分80ｍとして分数で表示）
- 建物構造と階数（木造、ＲＣ造などの別）
- 間取り（たとえば３ＬＤＫなどと表示）
- 向き（マンション等ではベランダの向き、戸建では敷地が道路が接している向き）
- 契約種類（普通借家契約、定期借家契約〔原則として契約期間の満了により更新されることなく終了する借家契約〕の別）
- 契約期間
- 建物面積
- 築年月
- 現況（空家、居住中、改装中などの別）
- 入居可能日
- 駐車場の有無及び賃料
- 設備（電気・ガス・上水道・下水道・オートロック・エレベーター・お風呂とトイレが別か等）
- 契約条件（火災保険〔家財保険〕の加入や家賃保証制度の利用を入居条件とする場合）
- 広告料
- 取引態様（媒介の場合には、専任・一般など媒介契約の種別）
- 備考

(3)物件情報の公開

物件資料が完成したら、いよいよ物件情報を公開していきます。

物件情報の公開は、主にレインズに登録することによって行ないます。レインズにログインし、画面の指示に従って必要事項を入力し、物件資料をアップロードするだけで公開できます。

操作の手順は決して複雑なものではありませんので、パソコンをあまり触ったことのない方でも、すぐに慣れると思います。実際に年配の宅建業者の方も、ご自身でレインズへの登録をされていますので安心してください。

ほとんどの宅建業者が、毎日のようにレインズをチェックしていますので、こちらに登録しておけば、お客さんのいる宅建業者から問い合わせが入ります。

なお、媒介契約の種別が一般の場合、法律的にはレインズへの登録義務はありませんが、1日も早く借主を見つけるためにも登録は行なうべきです。

さらに集客力のある宅建業者に対しては、ＦＡＸで物件資料を送信するとよいでしょう。

(4)借主側の宅建業者からの問い合わせなどに対応

物件情報を公開すると、お客さんのいる宅建業者から問い合わせの電話が入るようになります。

物件資料だけではわからない詳細な事項（たとえば、駐車可能な車の高さなど）について質問を受けることもありますので、ある程度のことは回答することができるよう、あらかじめ準備をしておきましょう。

他の宅建業者が案内をする際には、基本的にカギをこちらまで取りに来てくれますので、現地に出向いたりする必要はありません。

なお、最近は物件にキーボックスを設置し、その中にカギを入れておき、問い合わせがあるとキーボックスを開ける暗証番号を教えて、案内してもらうという体制を取っている宅建業者が増えています（キーボックスはあくまで案内時にカギを貸し出すために設置するものです。契約成立後のカギの引き渡しは、先にも触れた通り、契約書の引き渡しと同時に行ないます）。

こうしておくと、営業マンのカギを取りに来るという手間を省くことができ、案内してもらいやすくなります。**結果として早く入居者が決まることにもつながります**ので、導入を検討してみてください。

ただし、キーボックスを使うと、カギの所在が不明になるなどのトラブルが起こる可能性も大きくなります。暗証番号を定期的に変更するなど、カギの管理には注意を払う必要があります。

(5)入居審査を行なう

他の宅建業者が案内したお客さんが物件を気に入り、入居申込があった場合には、以降の物件の募集をいったん中止し（このことを業界用語で「物件を止める」といいます）、入居審査を行ないます。

入居審査といっても、信用調査のようなことをするわけではなく、あくまで入居申込書に記載されている情報をもとに審査をするだけです。

主に収入などから、家賃の支払い能力について判断することになります。

なお、入居審査をするといっても、宅建業者が勝手に断ったり、承諾したりすることはなく、最終的な判断は契約の当事者である貸主に委ねることになります。

(6)賃貸借契約書等の作成

貸主が入居申込に対して承諾をしたら、速やかに借主側の宅建業者にその旨を通知し、契約関係書類の準備を行ないます。

【賃貸借の契約関係書類】

- **賃貸借契約書**……所属する宅建業者の団体のホームページでダウンロードすることができる。
- **家賃保証契約書**……家賃保証制度を利用させる場合。
- **火災保険申込書**……損害保険の代理店になっていない場合には、借主側の宅建業者が代理店をしている保険会社で加入してもらう。
- **初期費用明細書**……初期費用だけでなく、契約書の添付書類についてもこちらに記載する。

契約関係書類が整ったら、借主側の宅建業者に引き渡し、各書類に借主等の署名捺印を取りつけてもらいます。

なお、重要事項説明書も貸主側の宅建業者で準備することがあります。

(7)改装等の手配

必要があれば、物件の改装等の手配をかけます。

本来的には募集の段階で改装等が済んでいるほうがよいのですが、畳が焼けたりすることもあって早めの改装を嫌う貸主の場合は、このタイミングで改装を行ないます。

クロスの張り替えや洗い工事（プロの行なう本格的な清掃のこと）などは、工事期間自体は短いものの、改装業者等のスケジュールの都合もありますので、なるべく早く手配をかけるようにしましょう。

貸主側で改装等の手配をしてくださる場合には、貸主にお願いをするだけで結構です。ちなみに、管理をしている、していないにかかわらず、改装の手配はできれば任せてもらうほうがよいと思います。手間はかかりますが、改装業者からの紹介料などを得られることがあるからです。

(8)契約書や初期費用の受け渡し

借主側の宅建業者から契約書と初期費用を受け取ったら、契約書と初期費用のうち貸主に引き渡すべき敷金や礼金、賃料等を貸主のところに持参します。

この際、初期費用の領収書（貸主が借主宛に出すもの）、報酬についての領収書を準備することも忘れないようにしましょう。

契約書への貸主の署名捺印が済めば、契約書は晴れて完成です。

(9)契約書とカギを借主側の宅建業者に引き渡す

借主分の契約書とカギ、貸主から出た初期費用の領収書などを借主側の宅建業者に引き渡します。

賃貸借契約の取引については一応、これで完了です。あとは貸主や借主等から問い合わせがあった場合に、その都度、対応するだけです。

4 実務の流れ③【売買・買主側業者編】

買主側の仲介をする場合の、売買契約の実務の流れを見ていきましょう。

（1）物件に対する希望条件の確認
↓
（2）レインズ等を通じて物件を探す
↓
（3）お客さんに物件情報を紹介
↓
（4）現地を案内
↓
（5）購入申込書の記入

↓
(6) 取引に必要な費用等の説明
↓
(7) 住宅ローンの仮審査
↓
(8) 契約の日時等の決定
↓
(9) 重要事項の説明
↓
(10) 売買契約の締結
↓
(11) 住宅ローンの本審査
↓
(12) 金銭消費貸借契約
↓
(13) 決済

（1）物件に対する希望条件の確認

物件に対する希望条件の確認は、賃貸の場合同様、あらかじめ用意してある希望条件についてのアンケートに記入してもらうことによって行ないます。その後、アンケートに基づいてより詳細な条件を確認していきます。

アンケート等で確認すべき事項としては以下のようなものがあります。

【個人情報グループ】

・氏名
・住所
・電話番号
・携帯番号
・メールアドレス
・勤務形態等
・勤続年数
・年収
・不動産の購入にあてることができる預金等の額

希望条件に関するアンケート（売買版）

お名前	
ご住所	
電話番号	（　　　）
携帯番号	（　　　）
メールアドレス	@
ご職業	
勤務形態	正社員　・　契約社員　・　派遣社員　・　アルバイト パート　・　自営業　・　無職
勤続年数	
年収	
不動産の購入にあてることができる預金等の額	
物件の種別	戸建　・　マンション　・　土地
間取り	（　　　　）・　DK　・　LDK
物件を探しているエリア	※具体的な地域があればご記入ください。 （　　　　）駅から徒歩（　　　）分以内もしくは （　　　）Km 以内
物件価格の予算	（　　　　）円から（　　　　）円
ベランダ・接道の向きのご希望	
ペットを飼っているか	
その他	

【物件基本情報グループ】

・物件の種別
・間取り
・物件を探しているエリア
・物件価格の予算

【こだわり条件グループ】

・ベランダ・接道の向きの希望はあるか
・ペットを飼っているか
・その他

次に、賃貸の場合との違いを確認しておきましょう。

まず、【個人情報グループ】に「勤続年数」と「年収」という項目が増えています。不動産購入の場合、多くの方が住宅ローンを利用されるので、その借入の可否等を判断するためです。

最近は、半年程度の勤続で融資してくれる金融機関もありますので、勤続年数はそんなに問題になりませんが、勤務形態と年収によっては全く融資が受けられないこともあります。

無駄足を踏むことがないよう、この時点で確認しておきましょう。

また、アンケートには書いてもらいにくい**健康状態についても、口頭で聞く**ようにしてください。民間の金融機関では、住宅ローンを利用するのに団体信用生命保険への加入が求められるため、健康状態に問題があるといくら年収があっても借入ができなくなる可能性があるからです。

さらに、購入予算の上限等を判断するため、不動産の購入にあてることができる預金等の額についても確認しましょう。

なお、売買のアンケートでは賃貸のアンケートほど、【こだわり条件】について詳細には項目を設けないことが多いです。

これは賃貸の場合、借主さんは現状有姿で使用することになるのが原則であるのに対し、売買の場合、買主が自由に物件を改装したりすることができるためです。

(2)レインズ等を通じて物件を探す

お客さんから希望条件を聞き出すことができたら、賃貸の場合同様、レインズで物件情報を探します。

レインズで希望条件に合う物件が見つけられない場合、一般の人も閲覧することができる物件情報サイト（たとえば、SUUMO http://suumo.jp/ ）などで条件に合う物件がないかを探してみます。

もしも、条件に合う物件が見つけられたら、物件情報を公開している宅建業者に連絡を取ってみて、紹介させてもらえないかを交渉してみるわけです。

断られる可能性は高いですが（レインズに登録していないということは、自社だけで買主を探したいと考えているわけです）、聞くだけならタダなのでぜひ、やってみましょう。

なお、物件を探しているエリアが限られている場合には、売却物件を探しているお客さんがいらっしゃる旨の広告を出してみるのも、効果のある方法です。

(3) お客さんに物件情報を紹介

次に、集まった物件情報をお客さんに紹介していきます。

賃貸の場合と同様で、最初からあまり多くの物件情報は見せないほうがよいでしょう。しっかりとした比較検討ができるのは、やはり5、6件が限度だと思います。

お見せした物件情報の中にお客さんが気に入るものがなかった場合に、追加で物件を出すようにしてください。

なお、売買の場合にも物件資料をお客さんに渡す際に、他の宅建業者の情報を自社情報の画像で覆い隠すなど加工することを忘れないようにしてください。

(4)現地を案内

お見せした物件情報の中にお客さんが気になる物件があったら、現地を案内します。

売買の場合も、1日に案内する物件の数は多くても3、4件程度に絞りましょう。もちろん賃貸同様、お客さんが意思決定しやすいように考えて案内順を決定します。

(5)購入申込書の記入

案内をした結果、お客さんが物件を気に入られた場合には、購入申込書に必要事項を記入してもらいます。

購入申込書は、単に購入の意思を示すためだけでなく、売買価格や取引条件についての交渉を行なうための書面でもありますので、記入にあたってはお客さんとしっかり相談する必要があります。

なお、購入申込もこちら側の示した条件を売主が承諾した場合、宅建業者間の取引慣行として申込の撤回は許されにくくなります。

また、申込を撤回すれば、あなたの宅建業者としての信用が大きく傷つくことにもなりま

不動産購入申込書

______________________　　　　　　　　年　　月　　日

住所

氏名　　　　　　　　　　㊞

私は貴社より紹介を受けております後記表示の不動産を、下記条件にて購入することを申込み致します。

購入価格及び支払条件	
購入金額	金　　　　　　円
うち消費税額	金　　　　　　円
手付金	金　　　　　　円
残金	金　　　　　　円

住宅ローン	
住宅ローン利用予定	有　・　無
ローン利用予定金額	

契約締結予定日	
取引予定日	
特約	

本申込書の有効期限　平成　　年　　月　　日

※当方は速やかに上記条件にて売主と折衝します。また、本書は売買契約書ではありません。

物件の表示	
所在地	
建物の名称	
建物面積（延床面積）	
土地面積	

すので、お客さんの気持ちが固まっていることを確認した上で購入申込をしてもらうようにしましょう。

(6)取引に必要な費用等の説明

住宅ローンの仮審査を受ける前提として、購入申込書を記入してもらうタイミングあたりで取引に必要な費用等について説明を行ないます。

もちろん、最初にお客さんとお話をする段階から、不動産の売買価格以外に諸費用がどの程度、必要になるのかという目安は伝えておくべきです。物件が決まった段階で、住宅ローンの利用金額を確定するために、より詳細な金額を説明するわけです。

不動産売買取引において、買主が負担しなくてはならない費用には以下のようなものがあります。

【取得関連費用】

- 売買価格
- 消費税
- 印紙税（売買契約書貼付分）

・不動産取得税
・固定資産税の日割り精算分
・登録免許税
・司法書士等への報酬
・仲介手数料（取引態様が仲介の場合）
・外構費（新築戸建ての場合）
・水道加入金（給水装置を新設する場合）
・修繕積立一時金（新築マンションの場合）
・管理費・修繕積立金の日割り精算分
・住宅性能評価申請料（新築住宅の場合）

【住宅ローン諸費用】
・印紙税（金銭消費貸借契約書貼付分）
・ローン事務手数料
・保証料
・火災保険料
・団体信用生命保険料（ほとんどの金融機関では金利に最初から含まれる）

諸費用について、計算間違いなどがあると、購入資金が足りなくなり、不動産が購入できなくなるということもありえますので、慎重に計算するようにしてください。

なお、この段階で金額を確定しきれない費用については、少し高めに見積もっておくとよいでしょう。

(7)住宅ローンの仮審査

買主が、購入にあたって住宅ローンを利用することを予定している場合、購入申込についての売主からの承諾が得られたらすぐに、住宅ローンの仮審査を受けるようにします。

取引が先に進んでから住宅ローンが利用できないことが判明すると、それまでのやりとりがすべて無駄になってしまうので、その危険性を低くするために仮審査を受けておくのです。

仮審査の位置づけは金融機関によって異なりますが、仮審査と本審査の結果は、ほとんどの金融機関で9割がた同じになります。

なお、仮審査で思うような結果が得られなかった場合には、まずはお客さんに何か思い当たる原因がないかを確認するようにします。

たとえば借入がなくてもキャッシングのカードを持っているだけで、融資を受けにくくなることもありますので、原因になりそうなことはすべて話してもらうようにしましょう。

原因が何となくでも特定でき、解決できるようなことがらであれば、実際にその解決策を講じるようにします（たとえば、お客さんがキャッシングのカードを持っているのなら、すぐに解約してもらいます）。

解決策を講じる前に他の金融機関に仮審査を重ねて申し込むと、どこの金融機関でも借りられなくなることもありますので、慌てることがないよう、慎重に対処してください。

(8) 契約の日時等の決定

住宅ローンの仮審査の結果、融資が受けられそうなことが判明したら、売主側の宅建業者に連絡を取り、契約の日時などを決定していきます。

契約は原則的には売主、売主側の宅建業者、買主、買主側の宅建業者が一堂に会して行ないます。

ただし、売主、買主双方が忙しく、スケジュールの都合が合わない場合には、売主側、買主側別々で行なうこともあります。

なお、契約は、住宅ローンの仮審査の結果が出てから遅くとも1週間以内に行なうべきです。契約までの時間がありすぎると、特に買主が契約をやめたいなどと言い出すことがありますので、なるべく早めに契約を済ませてしまうほうがよいのです。

(9)重要事項説明

売買契約に先立ち、重要事項説明を行ないます。

重要事項の説明は、法律的には売主に対して行なう必要はなく、買主に対して行なえばよいとされています。重要事項説明は、これから購入しようとしている不動産についての、いわば商品説明のようなものなので、これから権利を取得しようとしている買主に対して行なえば十分だからです。

ただし、最近では確認の意味も込めて、売主にも同席してもらうというケースが増えているようです。

重要事項説明は、買主にわかりやすく行なうことが重要です。後のち無用なトラブルを招くことがないよう、時間をかけてしっかり説明をしておきましょう。

重要事項説明を行なったら、その証として買主に重要事項説明書へ署名捺印をしてもらいます。

なお、令和3年3月30日より、売買契約においてもIT重要事項説明を行なうことができることになっています。さらに令和4年5月18日より、重要事項説明書をデータで受け渡しする電子交付が可能となりました。

(10)売買契約の締結

売買契約に際しては、契約書の内容を音読しながら、売主、買主が理解しにくい個所について説明を加えていきます。

契約書の内容の説明は宅地建物取引士でない者が行なってもよいとされていますが、重要事項説明書同様、後のち無用なトラブルを招くことがないよう、しっかりとした説明を行なうようにしましょう。

契約書の内容の確認が終わったら、売主、買主双方に署名捺印をしてもらいます。

なお、通常、売買契約締結のタイミングで買主から売主に対して「手付金」と呼ばれる金銭を交付します。

手付金は契約の解除権を留保するためのもので、買主は手付金を放棄することによって解除権を行使することができます（手付金は売主のものになるということです）。

買主が解除権を行使しなければ、手付金は売買代金にそのまま充当されます。

(11)住宅ローンの本審査

売買契約が済んだら、住宅ローンの本審査の申込を行ないます。

本審査の結果は大体3日から1週間程度で出ます。ほとんど仮審査の結果が覆ることはありませんが、もしものときには、(7)の仮審査と同様、速やかにその原因を特定すべく、買主と話し合いを持ちます。

ここでも慌てて他の金融機関に重ねて申込を行なうのではなく、まずは原因を特定し、解決策を取ることが肝心です(解決後、改めて別の金融機関に申込を行ないます)。

(12)金銭消費貸借契約

住宅ローンの本審査の結果、融資を受けられることになったら、金融機関との間で金銭消費貸借契約を締結します。

金銭消費貸借契約は、金融機関の支店や、金融機関が別に設ける住宅ローンセンターなどで行ないます。

金銭消費貸借契約は金融機関と買主との間の契約であって、宅建業者が関与するものではありませんが、お客さんの不安を減じるためにもできるだけ同行するようにしてください(不動産屋の営業マンの3人に1人くらいは、同行しているようです)。

⒀決済

買主が、売主に対して売買代金全額を支払い、取引を完了することを「決済する」といいます。

決済は、売主、売主側の宅建業者、買主、買主側の宅建業者、さらには司法書士が立ち会って行なわれます（司法書士の手配は各宅建業者が行ないますが、買主側の宅建業者が手配する司法書士にまとめて申請をお願いすることもよくあります）。

決済の流れは以下の通りです。

①司法書士が登記に必要な書類が揃っていることを確認

←

②買主の口座に住宅ローン融資が実行される

←

③買主が売買代金・その他関連諸費用を支払う

決済が終了すると、登記申請のため、司法書士が直ちに書類を持って、法務局へと走ってくれます（オンライン申請の場合もあります）。

なお、仲介手数料についても、このタイミングでお客さんから受け取ることになります（売買契約締結時に半金、決済時に半金という形で仲介手数料を受け取ることもあります）。

仲介手数料は、仲介をしたお客さんから受け取ることができるものです。

たとえば、売主・買主双方を別々の宅建業者が仲介している場合には、売主側の宅建業者は売主から買主側の宅建業者は買主から受け取ることになります。

また、売主・買主双方を1つの宅建業者が仲介している場合には、その宅建業者が売主・買主双方から受け取ることになります。

仲介手数料の金額については、原則、以下の算式で計算される金額が上限とされています（いずれも消費税課税事業者の場合）。

- 売買代金額が200万円以下の場合……売買代金額×5・5%
- 売買代金額が200万円を超え、400万円以下の場合……売買代金額×4・4%＋2万2000円
- 売買代金額が400万円を超える場合……売買代金額×3・3%＋6万6000円

注意すべきは、ここで示される算式で計算される金額は、いずれも仲介手数料の上限金額

であるということです。つまり、これ以下の金額であれば、仲介手数料はいくらであっても問題ないということです。

ちなみに、仲介手数料の金額については、今のところ多くの宅建業者が上限金額で請求しています。ただし、最近では仲介手数料を上限金額の半額などに設定している宅建業者も増えてきており、そういった宅建業者の存在を知っているお客さんの中には、仲介手数料の値引きを請求してくる方もいらっしゃいます。

この場合、必ずしも値引きに応じる必要があるわけではありませんが、お客さんとの関係性などを考慮し、柔軟に対応するようにしましょう。

5 実務の流れ④【売買・売主側業者編】

それでは、売主側の仲介をする場合の、売買契約の実務の流れを見ていきましょう。

（1）不動産の査定
↓
（2）売買条件などを決定し、媒介契約を締結
↓
（3）物件資料の作成
↓
（4）物件情報の公開
↓
（5）買主側の宅建業者からの問い合わせなどに対応

(6) 購入申込を受ける
↓
(7) 売買契約書等の作成
↓
(8) 売買契約の締結
↓
(9) 決済

(1)不動産の査定

まずは、売主からの依頼に基づき、不動産の査定を行ないます。

査定方法については、ボリュームが大きくなりすぎるため詳細な説明はしませんが、実務経験のない方でも、価格査定のマニュアル本を1冊持っておけば十分行なうことができますので安心してください。

また、**売主は概して、自分の所有する不動産の価値を高く考えがち**です。過去の取引事例を提示するなどして、査定価格の妥当性をしっかりと説明するようにしましょう。

(2)売買条件などを決定し、媒介契約を締結

査定の結果、売主から売却を任せてもらえることになったら、売買条件を決定し、媒介契約を締結することになります。

決定すべき売買条件としては、売買価格のほか、引き渡しの時期や契約不適合責任（売買契約の目的物である不動産に何らかの問題があった場合に売主が負う責任）の負担の仕方などがあります。

売買条件が設定できたら、その条件に基づき、媒介契約を締結します（媒介契約の詳細については賃貸・貸主側業者編を参照）。

物件資料作成のための建物図面の作成等も賃貸の場合と同様に行なう必要があります。

(3)物件資料の作成

次に物件資料を作成していきます。

売買の場合の物件資料の記載事項は、次の通りです。

【売買契約の物件資料の記載事項　土地・戸建等の場合】

・物件種別
・売買価格
・物件所在地
・最寄駅及び最寄駅からの徒歩距離（バス利用が必要な場合、バス停までの乗車時間及びバス停からの徒歩距離。徒歩距離については1分80ｍとして分数で表示）
・土地面積
・私道負担
・国土法届出の要否
・建物面積（延床面積、各階面積）
・建物構造と階数（木造、ＲＣ造などの別）
・間取り（３ＬＤＫなどと表示）
・築年月
・土地権利（所有権・借地権などの別）
・地目（宅地・農地などの別）
・都市計画（都市計画区域内なら市街化区域・市街化調整区域等の別、都市計画区域外であればその旨）
・用途地域
・その他の法令上の制限
・建ぺい率
・容積率
・駐車場の有無等
・地勢（平坦地・崖地など）
・設備（電気・ガス・上水道・下水道）
・接道方向等
・現況（新築建物であれば未完成・完成済みなどの別、中古建物であれば空家・居住中などの別）
・引き渡し
・取引態様（媒介の場合には専任・一般など媒介契約の種別）
・備考（売買価格以外に必要となる費用や契約条件等があれば記載）

【売買契約の物件資料の記載事項　マンションの場合】

- 物件名称
- 物件種別
- 売買価格
- 物件所在地
- 最寄駅及び最寄駅からの徒歩距離（バス利用が必要な場合、バス停までの乗車時間及びバス停からの徒歩距離。徒歩距離については１分80ｍとして分数で表示）
- 土地の権利の種類、総面積、共有持分
- 専有面積
- バルコニーの向き、面積
- 間取り（たとえば３ＬＤＫなどと表示）
- 総戸数
- 建物の構造と階数
- 所在階

- 築年月
- 用途地域
- 分譲会社
- 施工会社
- 管理会社
- 管理形態
- 管理費・修繕積立金
- 駐車場の有無と駐車料金
- 設備
- エレベーターの有無
- 現況
- 引き渡し
- 取引態様（媒介の場合には専任・一般など媒介契約の種別）
- 備考（契約条件等があれば記載）

なお、売主が周囲に秘密で売却することを希望されている場合には、物件資料にもその旨をわかりやすいように記載するようにします。

「チラシ厳禁」「ご近所さんへの物件案内禁止」などと書いておけばよいでしょう。

(4) 物件情報の公開

賃貸の場合同様レインズ、FAXなどを用いて物件情報を公開します。

(5) 買主側の宅建業者からの問い合わせなどに対応

物件情報を公開しますと、購入希望のお客さんのいる宅建業者から問い合わせの電話が入るようになりますので、それに対応する必要があります。

売買の場合は賃貸の場合と異なり、案内時には売主側の宅建業者も立ち会うことが多いです。特に売主がまだ居住されている場合には、十分な配慮ができるよう必ず立ち会うようにしましょう。

(6) 購入申込を受ける

他の宅建業者が案内したお客さんが物件を気に入り、購入申込が入った場合、売主にその旨を伝えて、購入申込を承諾するかどうかを相談します。

購入申込に際しては通常、価格交渉が入りますので、その点を中心に相談することになります。

売主が売却を希望されている時期や他の見込み客の有無などから適切なアドバイスを行なうようにしましょう。

なお、売主が購入申込を承諾するかどうか微妙な場合には、物件を完全には止めずに他の宅建業者からの案内の申込を引き続き受けることもできます。

ただし、この場合、**一番手の購入希望者が既にいることを必ず伝えなければなりません**（後でもめないためにも必ず伝えてください）。

（7）売買契約書等の作成

売主が購入申込に対して承諾をしたら、速やかに買主側の宅建業者にその旨を通知し、重要事項説明書と売買契約書の準備を行ないます。

なお、買主側の宅建業者が大手の場合、そちらで重要事項説明書と売買契約書を作成することを希望することがあります。特に売主にとって不利な内容になることはありませんので、その場合は任せてしまってかまいません。

(8)売買契約の締結

売買・買主側業者編の「(10)売買契約の締結」を確認してください。

(9)決済

売買・買主側業者編の「(13)決済」を確認してください。

6 重要事項説明書作成のポイント

ここまで実務の流れを見てきたわけですが、流れを知っただけでは、実際に行なうのが難しいのが、重要事項説明書や契約書の作成です。

そこで、ここでは、その重要事項説明書や契約書の作成について、もう少し詳しく説明していきたいと思います。

重要事項説明書とは、宅建業者が買主等の新たに権利を得ることになる者（以下、権利取得者という）に対し、契約成立前に交付することを義務付けられている書面です。

買主等の権利取得者に契約等を締結するかどうかを判断するための材料を与えるもので、一般的な商品でいうところの商品説明書のようなものと考えてもらえばよいと思います。

重要事項説明書は単に交付すればよいわけではなく、**必ず宅地建物取引士が記名・押印を**

した上で、説明をする必要があります。

重要事項説明書は法律的にはもちろんのこと、実質的にも非常に重要な書面ですので、作成に際しては、できる限り万全を期してください。

なお、重要事項説明書の作成は宅地建物取引士でなくても行なうことができます。

ポイント① 重要事項説明書は頻繁にダウンロードし直す

重要事項説明書は、宅建協会等の宅建業者の団体が運営するホームページで入手することができます。取引の種類ごとにさまざまなものが準備されていますので、取引の内容に合った重要事項説明書を選択してダウンロードしてください。

重要事項説明書は**できる限り頻繁に、ダウンロードし直すようにすべき**です。

重要事項説明書の記載事項は、法律が改正されれば、それに応じて変わっていきます。つまり、前にダウンロードしたものをそのまま使い回すと、現行の法律で記載が義務付けられている事項について漏れが生じてしまう可能性があるのです。

簡単にできるトラブル防止策として、ぜひ実践していただきたいと思います。

ポイント②　重要事項説明書はしっかりとした調査に基づいて記載する

重要事項説明書の作成は、実は慣れてしまえばそんなに難しいものではありません。わからないことは各調査先（203ページ参照）に出向いて調べたり、教えてもらったりして、記載事項を埋めていけばよいだけなのです。

重要事項説明書の記載にあたって重要なことは、とにかく**しっかりとした調査に基づいて行なう**ということです。

市役所などで調査先がわからない場合には、総合窓口で調査目的を伝えれば、適切な部署を案内してくれます。

調査を怠り、**思い込みや憶測で重要事項説明書を記載することほど、危険なことはありません。**

市役所などでは、担当者に嫌な顔をされることもあるかもしれませんが、そこはグッとこらえて、自分が納得いくまでいろいろと質問をするようにしましょう。

重要事項説明書の記載事項

<table>
<tr><td colspan="2">1．登記された権利の内容</td></tr>
<tr><td colspan="2">2．法令上の制限</td></tr>
<tr><td colspan="2">3．私道に関する負担に関する事項（建物の貸借の契約は除く）</td></tr>
<tr><td colspan="2">4．飲用水、電気、ガスの供給並びに排水施設の整備状況（これらの施設が整備されていない場合、その整備の見通し及びその整備についての特別の負担に関する事項）</td></tr>
<tr><td rowspan="2">5．当該宅地または建物が宅地の造成または建築に関する工事の完了前のものであるときは、完了時における形状、構造など</td><td>宅地の場合、宅地造成工事完了時の宅地に接する道路の構造及び幅員</td></tr>
<tr><td>建物の場合、建築の工事の完了時の建物の主要構造部、内装及び外装の構造、または仕上げ並びに設備の設置及び構造</td></tr>
<tr><td colspan="2">6．当該建物が既存の建物であるときは、次に掲げる事項
イ．建物状況調査（実施後国土交通省令で定める期間を経過していないものに限る）を実施しているかどうか、及びこれを実施している場合におけるその結果の概要
ロ．設計図書、点検記録その他の建物の建築及び維持保全の状況に関する書類で国土交通省令で定めるものの保存の状況</td></tr>
<tr><td colspan="2">7．代金、交換差金及び借賃以外に授受される金銭の額と、金銭の授受の目的
（代金、交換差金及び借賃は重要事項説明書の記載事項ではない）</td></tr>
<tr><td colspan="2">8．契約の解除に関する事項</td></tr>
<tr><td colspan="2">9．損害賠償額の予定または違約金に関する事項</td></tr>
<tr><td colspan="2">10．手付金等の保全措置の概要</td></tr>
<tr><td colspan="2">11．支払金または預り金を受領しようとする場合、保全措置を講ずるかどうか、及びその措置を講ずる場合のその措置の概要　※50万円未満のものは説明義務なし</td></tr>
<tr><td colspan="2">12．代金または交換差金に関する金銭の貸借のあっせんの内容、及びあっせんに係る金銭の貸借が成立しないときの措置</td></tr>
<tr><td colspan="2">13．当該宅地又は建物が種類又は品質に関して契約の内容に適合しない場合におけるその不適合を担保すべき責任の履行に関し保証保険契約の締結その他の措置で国土交通省令・内閣府令で定めるものを講ずるかどうか、及びその措置を講ずる場合におけるその措置の概要</td></tr>
<tr><td colspan="2">14．その他宅地建物取引業者の相手方等の利益の保護の必要性及び契約内容の別を勘案して、次のイまたはロに掲げる場合の区分に応じ、それぞれ当該イまたはロに定める命令で定める事項
イ．事業を営む場合以外の場合で宅地・建物を買い、または借りようとする個人である宅地建物取引業者の相手方等の利益の保護に資する事項を定める場合……国土交通省令・内閣府令で定める事項
ロ．イに規定する事項以外の事項を定める場合……国土交通省令で定める事項（注１）</td></tr>
</table>

15. 割賦販売（代金の全部または一部について、目的物の引き渡し後1年以上の期間にわたり、かつ、2回以上に分割して受領することを条件として販売すること）契約の場合	1．現金販売価格 2．割賦販売価格 3．宅地建物の引き渡しまでに支払う金銭の額・賦払金の額、その支払いの時期・方法

（注1）14の具体的内容

	宅地の売買または交換	建物の売買または交換	宅地の貸借	建物の貸借
1．造成宅地防災区域内にあるときはその旨	○	○	○	○
2．土砂災害警戒区域内にあるときはその旨	○	○	○	○
3．津波災害警戒区域内にあるときは、その旨	○	○	○	○
4．水防法施行規則11条1号の規定により当該宅地又は建物が所在する市町村の長が提供する図面に当該宅地又は建物の位置が表示されているときは、当該図面における当該宅地又は建物の所在地	○	○	○	○
5．建物について、石綿の使用の有無の調査の結果が記録されているときは、その内容		○		○
6．建物（昭和56年6月1日以降に新築の工事に着手したものを除く）が、建築物の耐震改修の促進に関する法律上の耐震診断を受けたものであるときは、その内容		○		○
7．建物が住宅性能評価を受けた新築住宅であるときは、その旨		○		
8．台所、浴室、便所その他の当該建物の設備の整備の状況（借家限定）				○
9．契約期間及び契約の更新に関する事項			○	○
10. 定期借地権・定期借家権であるときはその旨 終身建物賃貸借契約であるときは、その旨			○	○
11. 当該宅地・建物の用途、その他の利用に係る制限に関する事項			○	○
12. 敷金その他いかなる名義をもって授受されるかを問わず、契約終了時において精算することとされている金銭の精算に関する事項			○	○
13. 管理が委託されているときは、その委託を受けている者の氏名（法人にあっては、その商号または名称）及び住所（法人にあっては、その主たる事務所の所在地）			○	○
14. 契約終了時における当該宅地の上の建物の取壊しに関する事項			○	

区分所有建物の場合の追加的記載事項

取引の対象となっているのが区分所有建物の場合には、先の事項に加えて以下の事項を重要事項説明書に記載しなければなりません。

1．建物を所有するための一棟の建物の敷地に関する権利の種類及び内容
2．共用部分に関する規約の定め（その案を含む）があるときは、その内容
3．専有部分の用途、その他の利用の制限に関する規約の定め（その案を含む）があるときは、その内容
4．一棟の建物またはその敷地の一部を特定の者にのみ使用を許す旨の規約の定め（その案を含む）があるときは、その内容
5．一棟の建物の計画的な維持修繕のための費用、通常の管理費用、その他の当該建物の所有者が負担しなければならない費用を特定の者にのみ減免する旨の規約の定め（その案を含む）があるときは、その内容
6．一棟の建物の計画的な維持修繕のための費用の積立てを行なう旨の規約の定め（その案を含む）があるときは、その内容及び既に積み立てられている額
7．建物の所有者が負担しなければならない通常の管理費用の額
8．一棟の建物及びその敷地の管理が委託されているときは、その委託を受けている者の氏名（法人にあっては、その商号または名称）及び住所（法人にあっては、その主たる事務所の所在地）
9．一棟の建物の維持修繕の実施状況が記録されているときは、その内容

※区分所有建物の貸借の場合は３号、８号のみを適用。

重要事項説明書の調査先

登記に関すること	法務局	法務局では、登記事項証明書（全部事項証明書）、建物図面、地積測量図、地図などを入手できます。これらの書面は重要事項説明書の記載に利用するだけでなく、それ自体を重要事項説明書の添付書類として権利取得者に引き渡します。建物賃貸の場合には、登記事項証明書を添付するだけでよいでしょう。
ガスに関すること	ガス会社	まず、現地でプロパンガスか、都市ガスかを確認します。都市ガスであればガス会社にて埋設管調査を行ないます。埋設管については埋設位置などを記した図面をもらい、重要事項説明書に添付します。なお、建物賃貸の場合には埋設管調査までは不要です。
上水道	水道局	前面道路の水道管の有無・口径、引込管の有無・口径などを確認します。
排水設備	下水道課※	まずは現地調査や売主への質問により汲み取り・浄化槽・下水道の別を確認します。前面道路に下水道のマンホールがあり、敷地内に下水升があれば、下水道が使用できる可能性が高いので、さらに下水道課で詳細な調査をします。前面道路の汚水管の有無・口径、引込管の有無・口径、下水道負担金の有無などを確認します。
都市計画に関すること	都市計画課※	都市計画区域の内外の別、市街化区域、市街化調整区域の別、用途地域、建ぺい率、容積率、建築物の高さの制限、その他の地域地区の指定の有無、都市施設についての計画の有無（有ればその内容）などを確認します。
道路に関すること	道路課※	道路の種別・名称や認定幅員を確認します。
建築・再建築に関すること	建築指導課※	まずは現地調査で実際の前面道路の幅員や接道部分の長さを調査します。土地に建物を建築・再建築するには当該土地が幅員４ｍ以上（地域によっては６ｍ以上）の建築基準法上の道路に原則として２ｍ以上接している必要があるのでその点を確認するのです。その調査の結果を持って、建築指導課に行き、建築・再建築が問題なくできる土地であるかどうかの判断を仰ぐようにします。なお、建築・再建築の可否についての調査ミスは、他の点での調査ミスとは比較にならないほど重大な結果を招くことになりますので、一層、慎重に行なうようにしてください。
宅地造成等規制法に関すること	宅地開発課※	宅地造成工事規制区域に該当するか、造成宅地防災区域に該当するかなどを確認します。
文化財保護法に関すること	教育委員会等※	文化財保護法上の「周知の埋蔵文化財包蔵地」に該当するかなどを確認します。

※市役所によって名称が異なる。

7 契約書作成のポイント

契約書についても宅地建物取引士の記名押印が要求されていますが、重要事項説明書と違い、宅地建物取引士がその内容について説明を行なったりする必要はありません。

ただし、内容についてはやはりお客さんに十分、理解しておいてもらわないと、後のちトラブルが発生することもありますので、しっかりと説明しておきましょう。

お客さんの中には、内容がわからなくても質問したりすることなく流してしまう方が多いので、本当に理解されているかどうかをしっかり確認してください。

特に代金や手付金、損害賠償額の予定などの「お金に関する事項」については、後でもめることになると非常に厄介なので、１００％理解してもらえるように努力しましょう。

なお、契約書も重要事項説明書同様、宅建協会等の宅建業者の団体が運営するホームページで入手することができます。

契約書の記載事項

		売買・交換	貸借
必要的記載事項	1．当事者の氏名（法人にあっては、その名称）及び住所	○	○
	2．当該宅地の所在、地番その他当該宅地を特定するために必要な表示または当該建物の所在、種類、構造その他当該建物を特定するために必要な表示	○	○
	3．当該建物が既存の建物であるときは、建物の構造耐力上主要な部分等の状況について当事者の双方が確認した事項	○	
	4．代金または交換差金の額並びにその支払いの時期及び方法	○	○
	5．宅地または建物の引き渡しの時期	○	○
	6．移転登記の申請の時期	○	
任意的記載事項（定めがあれば必ず記載）	7．代金及び交換差金以外の金銭の授受に関する定めがあるときは、その額並びに当該金銭の授受の時期及び目的	○	
	8．契約の解除に関する定めがあるときは、その内容	○	○
	9．損害賠償額の予定または違約金に関する定めがあるときは、その内容	○	○
	10．代金または交換差金についての金銭の貸借のあっせんに関する定めがある場合においては、当該あっせんに係る金銭の貸借が成立しないときの措置	○	
	11．天災その他不可抗力による損害の負担に関する定めがあるときは、その内容	○	○
	12．契約不適合責任または当該責任の履行に関して講ずべき保証保険契約の締結その他の措置についての定めがあるときは、その内容	○	
	13．租税その他の公課の負担に関する定めがあるときは、その内容	○	
貸借の場合	借賃の額並びにその支払いの時期及び方法		○
	借賃以外の金銭の授受に関する定めがあるときは、その額並びに当該金銭の授受の時期及び目的		○

※本書の中では、37条書面のことを「契約書」と呼んでいます。37条書面と契約書は厳密には全く同じものではありませんが、実務的には37条書面と契約書の区別がなされることはまずなく、ほとんどの方が契約書と呼んでいるので、それに沿う形で契約書と記載しています。

取引の種類ごとにさまざまなものが準備されていますので、取引の内容に合った契約書を選択してダウンロードしてください。

●トラブルは事前に防ごう

宅建協会等のホームページでダウンロードした契約書には、一般的な契約内容を想定する形で条項が記載されていますので、契約書の内容を変更したい場合には、条項を削除したり、修正を加えたりすることになります。

削除をする場合は、削除したい契約条項に大きく×印をつけたりします。重要事項説明書でも記載の必要のない事項については、同様に×印をつけたりします。

契約書は、重要事項説明書と違って、その作成に調査などが必要になるわけではなく、当事者間の合意事項をそのまま反映させるだけですから、特に難しいことはないと思います。

なお、**当事者間で合意したことで元々の契約条項にないことは、どんなささいなことでも特約条項として記載する**なりして明文化しておきましょう。

無用なトラブルを避けるべく、事前に手を尽くしておこうということです。

8 不動産屋に就職してみるのも手

「いくら経験ゼロからでもはじめられるといっても、いきなり独立・開業というのは不安だ」という方も、おそらくいらっしゃるでしょう。

そういう方については、実務の経験を踏むために**一度、不動産屋に就職してみてもいいかもしれません**。

少し遠回りすることになりますが、いつまでもあれこれと考えているより、そのほうがよほど早く独立・開業に踏み切れるようになると思います。

不動産業界は比較的就職がしやすい業界ですので、営業経験がない方でも臆することなく、思い切って求人に応募してみてください。

年配の方でも宅建資格があれば、採用される可能性は十分あります。

真面目に取り組めば、**賃貸の営業であれば3カ月、売買の営業であれば6カ月程度**でひと通りのことはマスターできるでしょう。

●勤務先は場所を選ぼう

なお、勤務先の不動産屋については、将来的に自分が独立・開業しようと思っているエリアからは、多少は離れたところにある不動産屋を選ぶようにしましょう。

勤務先の不動産屋にとっても、元従業員が目と鼻の先で独立・開業するというのは、あまり気持ちのいいことではないはずだからです。

できれば独立後もいいお付き合いができるよう、最低限の配慮はするようにしましょう。

6章

口下手でも大丈夫!
信頼を得て成約率を高める
接客術

1 「しゃべる」のではなく「しゃべらせる」

不動産屋として独立すれば、あなたも営業マンとして接客をし、成約を達成していかなければなりません。

そこでここでは、成約率を高めるためにどうすべきかについて、特に重要なポイントを述べておきたいと思います。

よく口が達者な人を見かけると「営業マン向きだ」などといいますが、必ずしもそうではない、と私は思っています。

私がこれまで約20年間、いろんな営業マンを見てきた経験からいうと、むしろ、口下手なタイプの営業マンのほうが売上を上げているほどだったりします。

この話を、不動産屋の社長など営業マンを管理する立場にある人と何度かしたことがありますが、みなさん同意されていましたので、間違いないと思います。

その理由は、はっきりしています。

営業マンが口下手だと、お客さんがしゃべっている時間が自然と長くなるからです。

それぞれのお客さんに合った提案を行なうためには、お客さんが何を考えているかがわからなければなりません。

では、お客さんが何を考えているかわかるためには、どうすればよいのでしょうか？

簡単なことですよね。

お客さんにしゃべってもらえばいいのです。

先ほども申し上げた通り、営業マンが口下手だとお客さんがしゃべっている時間が自然と長くなります。その結果、お客さんが考えていることがしっかり把握できるため、お客さんに合った提案ができ、結果として売上を作ることができているのです。

●たった1つの質問が成約を近づける

ただ、これは結果論であって、営業マンは口下手でないとダメだなどと申し上げるつもりはありません。

重要なのは営業マンが口下手だとか、口が達者だとかいうことではなく、**あくまでお客さ**

んにしゃべらせるように仕向けることです。

では、どうすればお客さんに考えていることをしゃべってもらうことができるのでしょうか？　営業マンの側から一方的にしゃべるのは論外としても、お客さんが自発的にしゃべってくれるのをただ待つだけ、というのもよい方法とはいえませんよね。

実は、お客さんに考えていることをしゃべってもらうことは非常に簡単なことです。**質問をすればいい**のです。

効果的に質問を重ねれば、お客さんは必ず考えていることをしゃべってくれます。

もちろん、多くの営業マンも質問はしていることでしょう。

しかし、多くの営業マンが行なっている質問は、自分の仕事を前へ進めるための質問だけであって、そこから一歩進んでお客さんに考えていることをしゃべってもらうための質問まではしていないと思います。

たとえば、

「どんなタイプの物件を探されていますか？」

「エリアは、どの辺りがご希望ですか？」

「予算はおいくらくらいですか？」


といった質問はどんな営業マンでも行なっていると思います。

しかし、これらはあくまで自分の仕事を前へ進めるための質問に過ぎません。

先の質問に対して、お客さんが

「新築戸建です」

「○○町か××町の周辺です」

「4000万円くらいです」


と答えてくれれば、一応物件は探せるかもしれませんが、これではお客さんが考えていることなどわかるはずもないのです。

しかし、この答えに対してさらに効果的に質問を重ねていくと、お客さんは段々に考えていることをしゃべり出してくれます。

「どんなタイプの物件を探されていますか？」

「新築戸建です」

「なぜ、新築戸建なのですか？」

「**マンションは周りに気を使う**し、**外で犬を飼いたい**ので、小さくてもいいから**庭が欲しい**から」


「エリアは、どの辺りがご希望ですか？」

「○○町か××町の周辺です」

「なぜ、その辺りでお探しなのですか？」

「**駅から近い**割にまあまあ**静か**だから」


「予算はおいくらくらいですか？」

「4000万円くらいです」

「なぜ、4000万円くらいなのですか？」

「できれば**もう少し安いほうがいい**けど、相場からすると、それくらいは出さないと**新築は難しそうな気がする**から」

どうですか？　たった1つ質問を足すだけで、お客さんが「考えていること」を急にしゃべり出してくれていますよね。

こうやってお客さんの考えていることがわかってしまえば、しめたものです。あとは、お客さんが考えていることに合うように、提案を行なうだけだからです。

これなら成約できないはずがありませんよね。

これで、営業を成功させるのに口が達者だとか口下手だとかいうことはほとんど関係ないということに、ご納得いただけたのではないしょうか。

重要なのは、「お客さんに考えていることをしゃべってもらう」ことなのです。

2 無理に追いかけなくても大丈夫

多くの不動産屋の社長や店長さんは、売上の芳しくない営業マンに対して「もっとお客さんを追いかけろ」という言い方をします。

しかし、これでは営業マンの売上が改善することはありませんし、改善したとしても一時的なものになるはずです。

「お客さんは追いかけられている」と感じた瞬間に、一目散に逃げ出すものなので、追いかけたとしてもまず捕まえることはできません。

男女の間でも追いかけられると逃げたくなるでしょう？　それと同じことです。

では、どうするのがいいかといいますと、今これ以上話をしても、お客さんが意思決定できる段階にはないなと感じたら、こちらのほうから**「一度、検討してみてください」と話を切り上げて、積極的に逃がしてやればいい**のです。

このやりとりを通じて、お客さんはあなたのことを「無理に契約させようとしたりしない不動産屋」と認識することになります。

そうなれば、お客さんの側で考えがまとまったりして、次の段階に行ける準備が整えば、向こうのほうから勝手に電話をかけてきたり、訪ねてきたりしてくれるものなのです。

繰り返しますが、不動産の業界は、お客さんを徹底的に追いかけるのが当たり前の業界です（私自身もかつては先輩の教えを忠実に守り、同じことをした経験があります）。

そんな中で、あなただけがお客さんに無理に契約を迫ったりしない存在だと感じてもらえれば、追いかけたりせずともお客さんのほうからあなたを頼ってきてくれるはずです。

●お客さんは勝手に戻ってきてくれる

そんなにうまくいくものかなと不安に思われる方もいらっしゃるかもしれませんが、ご安心ください。

先ほどお話しした「しゃべらせる営業マンになる」ということをしっかり実践していれば、お客さんはあなたのことを「自分の考えていることをしっかり理解してくれている営業マン」と感じているはずですから、かなり高い確率で戻ってきてくれます。

どれほど追いかけ回しても、**お客さんは自分が意思決定できる時期にならなければ決断してくれません**。

また、無理に意思決定させてもクレームになったり、トラブルが発生したりして、結局は手がかかるばかり、ということも考えられます。

特に売上的に苦しいときなどは、ついつい自分の都合で考えてお客さんを深追いしがちになりますが、それで契約してもらえることなど稀なのです。

お客さんは、時期がくれば必ず、勝手に意思決定してくれます。

そのようなお客さんを急いでダメにしてしまう必要なんてありません。余裕を持って逃がしてあげて、帰ってくるのをゆっくり待つようにしましょう。

3 頼りになると感じてもらう

お客さんにとって不動産の取引というのは、人生の中でもそう何度も経験することではありません。それだけに知識も乏しく、営業マンが頼りにされる度合いというのは、どうしても大きくなります。

それなのに、お客さんからの質問に対して、営業マンがあやふやなことしか答えることができなかったとしたら、どうなるでしょうか？

お客さんは不安を感じ、意思決定するどころではなくなってしまうはずです。

ですから、お客さんに安心して意思決定してもらうためにも、**質問に対して常に的確に回答し、お客さんに「頼りになる」と感じてもらう必要がある**のです。

お客さんからの質問に対して常に的確に回答するというのは、非常に難しいことのように思えるかもしれません。

不動産取引の場面では、法律に関すること、税金に関すること、建物に関すること、資金計画に関することなど、幅広い分野のことについてお客さんから質問される可能性がありますから、そう思うのは当然だといえるでしょう。

●お客さんの質問から逃げてはいけない

しかし、実はお客さんの質問に的確に回答するのは、そんなに難しいことではありません。なぜなら、**お客さんから質問されることというのは、大体パターンが決まっている**からです。不動産取引をしようとする人が不安に思われることというのは、人によってそんなに変わるものではないのですね。

ですから、不動産屋の仕事について全く経験のない方でも、お客さんから質問されたことで回答できなかったことについては、その都度インターネット等で調べればいいのです。

そして、次に質問されたときに、確実に回答できるようにするということを怠りなく繰り返していけば、10組もお客さんのお世話をするかしないかのうちに、少なくともお客さんの側から見れば、何を質問しても的確に回答してくれる「頼りになる不動産屋」になることができます。

不動産屋の営業マンの中には、このちょっとずつの努力を行なうことをせず、「僕は税理士ではないから」とか、「弁護士さんに聞いてください」とかいって、お客さんの質問から逃げてばかりの人がいます。

しかし、これではお客さんから「頼りになる」と感じてもらうことはできません。結果として、**いつまでたっても、売上を安定させることもできません。**

わからないことを質問されても決して逃げることなく、「勉強不足でわかりませんが、次回お会いするときまでに必ず調べておきます」と返答し、実際に次回までに調べてきっちりした回答を行なう。たったこれだけのことを続けるだけで、あっという間に「頼りになる」と感じてもらえるようになるのです。

私も、不動産の仕事をはじめたばかりの頃は、お客さんからのほとんどの質問に対して「次回お会いするときまでに必ず、調べておきます」とお答えしていました。

このことを守っていたおかげで、半年もしないうちに、お客さんから「本当に何でも知ってますよね。心強いです」などというありがたい言葉を頂戴できるまでになりました。

4 誠実な不動産屋になる

不動産取引の場面では、お客さんの利益と不動産屋の利益が合致しないということがよくあります。このようなとき、**お客さんの利益を当然のように優先できる不動産屋になるよう**にしたいものです。

お客さんは不動産取引についての知識が乏しいため、不動産屋が自分にとって有利な方向に誘導することはいくらでもできると思います。たとえば、お客さんが二つの物件のうち、どちらを選択するかを迷われているときに、お客さんにとってより価値のある物件より、不動産屋の収入がより多くなる物件をすすめることもできるでしょう。

しかし、お客さんがそのことにいつまでも気づかないかというと決してそうではなく、はっきりとした事実は把握できなくても、いずれかの時点で「やっぱり、不動産屋の都合のいいようにされてしまったのでは……」と勘づくものです。

「誠実な不動産屋」になろうとすると、目先の利益を捨てなければならないこともあるでしょう。売上がパッとしないときなどは、非常に厳しい判断になるかもしれません。

実際、私自身も、営業マンとして不動産屋で勤務していた頃には、お客さんが気に入っていらっしゃる物件が相場的に見て安いとは決していえないときなど、お客さんの背中を押すべきか、思い留まらせるべきか迷った経験があります。

しかし、そこをグッとこらえてお客さんにとって、より望ましいアドバイスをし続ければ、**不思議なほどお客さんにそのことが伝わるもの**です。

結果として、お客さんに非常に喜んでもらえて、以降に何かあったときにもまた相談してもらえるとか、新しいお客さんを紹介してもらえるとかいったことにもつながります。

実際、現在の私のお客さんは、ほとんど以前のお客さんからご紹介いただいた方ばかりです。これも「誠実な不動産屋」であることを守り続けたおかげだと思います。

●お客さんに感謝される不動産屋になろう

なお、「お客さんのために」と思うのが、どうしても難しいという方は、まずは「自分のため」だと考えて「誠実な不動産屋」になってみましょう。それでも、お客さんのためになっていることに変わりありません。

その結果、お客さんから感謝してもらえて、その感謝の気持ちに導かれるように自然とお客さんのためになることを考えられる「誠実な不動産屋」になっていけるはずです。

7章

小さな不動産屋を
続けていくための
クレーム対策

1 まずはクレームが発生しないようにする

不動産屋のビジネスは、不動産という内容が非常に複雑なものを扱うため、お客さんとの間で誤解が生じやすく、クレームと完全に無縁ではいられません。

また、不動産は非常に高額なものでもありますから、クレームを解決するために損害賠償などが必要な場合には、その金額も大きくなりがちで、一気にビジネスが傾くことにもなりかねません。

そこで、ここではクレームやトラブルに効果的に対処するための方法等についてお話ししておきたいと思います。不動産屋を「続けていく」ためには絶対に知っておかなければならない話ですので、しっかりとお読みください。

●あらかじめ予防策を立てておくことが大事

クレーム等に対する対策については、当然のことながら、まずはできるだけ**クレームが発**

生しないようにしっかりと予防することが大切です。

クレーム等が発生しないように予防するための「時間と労力」と、発生したクレーム等に対処するための「時間と労力」を比べた場合、明らかに前者の「時間と労力」のほうが小さく済ますことができるからです。

また、クレーム対応のような後ろ向きの仕事は、営業などのような前向きな仕事の何倍もの時間と労力が必要になるものです。

そのため、クレーム等が発生すれば、その対応に追われ、前向きな仕事が疎かになり、売上などにマイナスの影響が出ることも十分、考えられます。

そのようなことにならないよう、事前にしっかりとした予防策を講じることが必要です。

2 クレーム予防策のポイント

クレーム等に対する予防策にはポイントがあります。以下の3つは、最低限実践していただきたいと思います。

①しっかりとした調査を行なう

調査は、重要事項説明の対象となっているもののみならず、クレームにつながりそうな事項について可能な範囲でしっかり行なうべきです。

特に、**周辺環境や隣人に関することでクレームが発生すると、解決しようがないことが多い**のでしっかり調査するようにしましょう。

私の場合、少なくとも戸建であれば、向こう3軒、両隣、裏の3軒の玄関先、マンション等であれば、上下両隣のお部屋の玄関先と集合ポスト（郵便物ではなく、あくまで外観です）

などをチェックするようにしています。

近所迷惑な人は周囲の方を気遣う気持ちがなく、玄関先も散らかっていることが多いので、そこをチェックしておくわけです。

なお、近所の人の話も聞けるに越したことはありませんが、わざわざチャイムを鳴らしてまで話を聞きに行くのは、あまりおすすめしません。

話を聞かれる側も身構えて本当のことは話さないでしょうし、話を聞かれる側の取りようによっては、**住宅購入を検討しているお客さんに対して悪い印象を持たれることもありうる**からです。

せいぜい、偶然、近所の方に出くわしたときに「この辺りは住みやすいですか?」といった程度の質問をするくらいにしておくのがよいと思います。

②知っていることは伝える

基本的に、知っていることは何でもお客さんに伝えておくことが大切です。

お客さんというのは、非常に勘が鋭いものです。後で何か問題が出てきたときに、そのことを不動産屋が知っていたかどうかは、極めて高い確率で察知できるものです。

ですから、**「知らなかった」という抗弁はまず通用しません。**

そのつもりで、お客さんの判断に影響を与えそうなことは、できるだけ伝えるようにしましょう。

お客さんは知らなかったことが出てくると、**それが事前に知らされていれば大したことのない話であったとしても、**不動産屋がわざと黙っていたのではないかという疑惑を抱いて、怒りを感じるようになります。

お客さんにとって大した話かどうかの判断がつかない場合、不動産屋としては黙っていたくなるのでしょうが、住んでもいない不動産屋が知りえた事実を、これから先ずっとそこに住むことになるお客さんが将来的に知りえないはずがありません。

その事実を伝えた結果、お客さんが購入を断念されたとしても、まだ他の物件を購入してもらえる可能性は十分あるのですから、きっちりとお伝えするようにしましょう。

ちなみに、私の過去の経験でいうと、お客さんがぜひ購入したいとおっしゃっているマンションについて、立地や供給数から見て近い将来、高い確率で価格が下落するものと考えられるのでやめておいたほうがよいとアドバイスをしたため、お客さんが購入を断念されたということがありました。

実際、数年後にそのマンションがかなりの値崩れをしたのを見て、お客さんが大変感謝してくださり、改めて当方を通じて他のマンションを購入してくださったのです。

しかも、さらにうれしいことに、不動産の売却を検討されているお知り合いまでご紹介してくださいました。

これも「知っていることをお伝えする」ことをしっかり、守ったからこその結果といえるでしょう。

③わからないことはわからないと伝える

お客さんに尋ねられたことで、わからないことは、はっきりとわからないと伝えるようにしましょう。

お客さんの中には、不動産屋では、わかるはずがないようなことを尋ねてくる人もいますが、当然そんなことまで答える必要はありません。

調べればわかるようなことであれば、「お調べしておきます」と答えればいいでしょうし、調べてもわからないようなこと、あるいは調べればわかるけれども調べるのに多大な労力が必要になるようなことであれば、「わかりかねます」と答えればいいのです。

私も以前、「ご近所さんの出身地・宗教・職業」や「マンションの修繕計画の妥当性」、「マンションの管理組合の財務内容の健全性」などを聞かれた際には、いずれの質問に対しても「わかりかねます」とお答えしました。

わからないくせにわかっているかのように答えてしまうから、後のちクレームになってしまうのです。

もちろん、不動産屋であれば当然答えられるべきことまで、何でもかんでも「わからない」と答えているようでは問題です。

しかし、わからないことを「わかる」と答えてしまっては、クレーム対応ばかりしなければならない状態になって、不動産屋を続けていくこと自体がすぐにできなくなります。

しかも、「わかる」と答えてしまったことによって、お客さんに金銭的な損害が発生すれば、損害賠償請求だって当然受けるでしょうから、経済的に破たんしてしまうことも十分、考えられます。

そういう意味では、わからないことについてはっきりと「わからない」と伝えることは、**不動産屋を続けていくための最低限のルール**といってもいいでしょう。

3 それでもクレームが発生したとき

①しっかりとした調査を行なう
②知っていることは伝える
③わからないことはわからないと伝える

この3つのポイントさえ押さえていれば、ほとんどクレームが発生することはないと思います。

しかし、やはりすべてのクレームが防げるわけではありません。不動産屋とお客さんが別の人間である以上、不動産屋が100％お客さんに不快な思いをさせないことなど不可能だからです。

まして、不動産はほとんどのお客さんにとって人生最大の買い物であることが多いため、お客さんもナーバスになっていて**クレームが発生しやすい精神状況**にあります。

そこで本項では、万が一クレームが発生した場合の対応の仕方について、

- 明らかに自分に非があるとき
- 明らかに自分に非がないとき
- どちらとも判断がつかないときや対応方法がわからないとき

という状況別にお話ししておきたいと思います。

●明らかに自分に非があるとき

お客さんの話をお聞きした結果、明らかにこちら側に非があるというときには、なるべく早く直接お会いして謝罪をします。

「早く」「直接」というのがキーワードです。

「早く」「直接」に謝罪することによって、お客さんとしても、幾分でも怒りが治まるものだからです。

ありがちなのは、どんな風に対応すべきかを検討していて謝罪の時期が遅くなり、お客さんの怒りを倍増させてしまうことです。

そうならないためにも、こちら側に非があることが明らかなときには、詳細な対応について即答できない状態であっても、まずは謝罪し、誠意をもって対応することを確約して、お客さんに少しでも早く安心してもらうようにしましょう。

謝罪後の対応については、できる限りクレームの内容を解決できるよう精いっぱいの努力を行ないます。

責任を免れようという気持ちで対応すると、話がこじれて問題解決に余計に時間がかかるようになりますので、この点は絶対に守ってください。

先方に経済的な損失が発生しているのなら、きっちりと損害賠償も行なうべきです。

損害賠償が必要な場合は、できる限り弁護士のような法律のプロに間に入ってもらいましょう。損害賠償の金額の算定や示談書の作成などには、法律のプロに関与してもらったほうが、後のちのトラブルも起こりにくく、確かだからです。

法律のプロに関与してもらうとなるとさらに費用は膨らみますが、安心料だと考えて、割り切って支払ってください。

クレームに対して誠意を持って対応しようと思えば、それなりにお金もかかってきます。

しかし、そうすることによって少なくとも悪い噂が拡がるのを防ぐことができます。さらに誠意を持って対応したことから、お客さんの信用を勝ち得ることができ、結果として新しいお客さんを紹介してもらえるなど、いいお付き合いをさせてもらえるようになるということも十分考えられます。

誠意ある対応は、お客さんのためだけでなく、結果として自分のためにもなるのだと考えて、できるだけのことをしてあげてください。

なお、不動産取引についてクレームが発生し、お客さんに対する損害賠償が必要になった場合、その金額は高額となりがちですので、支払いに不安を感じるようであれば、お客さんに対する損害賠償に備える損害保険に加入しておくことをおすすめします。

不動産業者向けの保険は、いくつかの保険会社が販売されているようですが、中には、保険料は安いけれど、保険金が出るケースがかなり限られるものもありますので、補償内容をしっかりと確認した上で加入するようにしてください。

●明らかに自分に非がないとき

お客さんの話をお聞きした結果、明らかにこちら側に非がないときには、まずははっきりところ側には非がなく、したがってどのような対応もできない旨を伝えましょう。

お客さんの中には、不動産屋にいってもしょうがないことだとわかっていながら、とりあえずはいってみるという方もいらっしゃいますので、約半数のお客さんは、これで引き下がってくださいます。

残りの約半数のお客さんについては、どのような対応もできないことはしっかりと伝えつつも、こちら側に何をしてほしいと思っているのかを聞き出すようにします。

一般的にクレーム対応が難しいのは、ほとんどの不動産屋が、**お客さんが望んでいることがわからないまま、対応しようとしている**からです。

お客さんが望んでいることさえわかってしまえば、思いのほか簡単に問題解決の糸口が見つかることもよくあります。

たとえば、「こちらとしては、いかようにもしかねますが、お客様としては、こちらにどのような対応をお望みでしょうか?」などと尋ねればよいでしょう。

意外と、お客さんの側でも「こうしてほしい」という具体的な要望はなく、こういう質問を投げかけることによって、お客さんが自分でそのことに気づかれるということもあります。

その場合、「いうことはいったし、どうしてほしいという具体的な要望もないから」ということで、自分で納得して引き下がってくださるお客さんも、実際にいらっしゃいます。

ここで具体的な要望が出てきたお客さんに対しては、自分の側では**宅地建物取引業者としての責務を果たしており、法律的にそれらの要望に応える必要がない**ことを伝えます。これで納得されないお客さんに対しては、やはり法律のプロに依頼して問題解決を図っていく必要があります。

自分の側に明らかに非がないことで、問題解決を図るのにお金を使うのはバカらしいことではありますが、不動産屋をやっている以上、こういったクレームというのはある程度、避けられない部分があります。こうした費用に関しては、必要経費だと割り切ってください。

●どちらとも判断がつかないときや対応方法がわからないとき

クレームの内容によっては、自分の側に非があるのかどうか判断がつかないことや、非があったときにはどのような対応を取るべきなのか、ということがわからないということもあると思います。

この場合は、まずはインターネット等を駆使して、できる限り自分で調べてみます。

これは意外と使える方法です。当然、インターネット上に宅建業者側の立場での情報はほとんどありませんが、お客さん側の立場での情報はたくさんあります。
ですから、自分がクレームを受ける不動産屋側の立場ではなくて、クレームを出したいと思っているお客さん側の立場で情報を探していけば、参考になる情報を得ることは、難しくありません（インターネット上の情報は、その発信者によって信用度は異なりますから、その点は注意して活用してください。特に情報発信者が特定できないサイトの情報は、決して鵜呑みにしないようにしましょう）。

その上で、まだ十分な判断がつかない場合には、**他の経験豊富な不動産屋や、各都道府県の宅地建物取引業の担当部署に相談する**ようにします。
ここまでやれば、よほど複雑な事案でない限り、少なくとも問題解決の方向性は見えてくるはずですので、あとはそれに沿う形で対応していけばよいでしょう。

ちなみに、相談する順番としては「他の経験豊富な不動産屋」を優先するべきだと思います。クレームというのは業界を問わず、同じようなものが多く、経験豊富な不動産屋であれば、過去に同じようなクレームを受け、それを解決した経験を持っていらっしゃる可能性が高いからです。

4 よくあるクレームとその対応方法

ここでは、参考までに不動産屋に寄せられる、よくあるクレームの種類とその対応方法について簡単に触れておきたいと思います。

●売買契約の場合

・建物の不具合に関すること

床が傾いている、シロアリが発生した、あるいは外壁にひびがあるなど、建物の不具合について売主側に責任を問えるときは、適正に修繕や損害賠償がなされるよう、取り計らいます。

売主に責任を問えない（売主が個人の中古住宅の取引で契約不適合責任を排除する特約がついている場合など）ときは、お客さんと契約書を確認しつつ、売主の責任は問えないことを説明します。

私の経験でいうと、築20年ほどの一戸建てで、リビングの壁紙の一部に破れがあることについて、ご購入者からどうにかしてほしいというご相談を受けたことがあります。その契約については、契約不適合責任を排除する特約がついていたので、契約書を用いて再度説明したところ、お客さんがその話を聞いたことを思い出されてご納得していただけました。

・近隣間トラブルに関すること

隣の家がうるさい、隣の家から悪臭がする、迷惑駐車が絶えないなどの近隣間トラブルについては、お客さんと相手方の話し合いに参加し、問題の解決を図るよう助言を行ないます。この際、トラブルのもとになっていること（騒音・悪臭・迷惑駐車など）について、相手側がどの程度迷惑なのか確認していない場合には、まずはそれを確認してもらうようにします。相手方が常識的な人であれば、ほとんどの場合、**実際に迷惑であることを理解してもらうだけで問題を解決することができます。**

私が過去に関わったケースでは、隣家の住人が真夜中にお風呂場の窓を開けたまま、携帯電話で会話する声がうるさいので、せめて窓を閉めてもらえるようにお願いしに行ったが、一向に改善されないのでどうにかしてほしい、というご相談がありました。

このときには、隣家の住人の方に、お風呂場の窓を開けたまま携帯電話で会話をするとどの程度声が響くものなのかを実際に聞いてもらったところ、迷惑な行為であることを認められて、改善していただくことができました。

これで解決できない場合、基本的にはさらに話し合いを続けることになりますが、やはり話し合いでは解決が難しいということになれば、法的手段に訴えるしかなくなります。

この場合にも、単に弁護士を紹介したりするだけでなく、その相談の場にも同席するなど、問題解決に向けた協力はできるだけ続けていくべきです。

なお、分譲マンション内でのトラブルの場合には、**法的手段に訴える前に必ず管理人さんや管理組合に相談するように**してください。分譲マンション内でのトラブルについては、管理組合等が分譲マンション全体の問題として取り上げ、解決を図ってくれる可能性が高いからです。

●賃貸借契約の場合

・建物の不具合に関すること

建物の不具合に関することとしては、トイレで水漏れがしている、押入れのふすまが動かない、備品のクーラーが壊れた、などといったことがあります。いずれも貸主（管理会社がある場合、管理会社）に相談すれば、適切に対処してくださいます。賃貸借契約の貸主には賃貸借契約の目的物（この場合は建物）を修繕する義務があるからです。

なお、修繕等で室内への立ち入りが必要な場合などは、**不動産屋が連絡するより、入居者に直接連絡を取ってもらうほうがスムーズにいくことが多い**です。場合によっては、お客さんから直接連絡を取ってもらうようにお願いしてもかまいません。

また、建物内の設備が備品なのか、残置物（前の借主が引っ越しの際に残していったもの）なのかについては、契約時に借主にしっかりと説明するようにしましょう。残置物の場合、故障したとしても貸主に修繕義務がなく、借主の負担において対処するしかないからです。後でもめることがないように、契約書の備考欄などにその旨を明記する等しておきましょう。

・近隣間トラブルに関すること

近隣間トラブルに関することとしては、隣の部屋の入居者がうるさい、迷惑駐車が絶えない、などといったことがあります。こちらも貸主（管理会社がある場合、管理会社）に相談すれば対処してくださいます。それで問題解決ができない場合には、やはり売買契約の場合のところでも説明した通り、法的手段に訴えるしかなくなってしまいます。

ただし、賃貸の場合、多額の費用をかけて法的手段に訴えてまでその物件に留まるよりはさっさと引っ越してしまうほうがよいということもあると思いますので、そのことも含めて借主さんと話し合うようにしましょう。

・契約の解釈に関すること

賃貸借契約は継続性のある契約であるため、事後的にクレームが発生することが多いです。特に最近増えているのは退去時の原状回復や敷金の精算に関することについてのトラブルです。最近の判例などを見ていると、かつての商習慣より、かなり貸主に不利な判断が下されることが多いようなので、その点を貸主にしっかりと伝えて、なるべく話し合いで解決ができるよう、アドバイスしましょう。

なお、クレームは必ずしも不動産屋が主体になって解決しなければならないわけではありません。知らぬ存ぜぬを通すのは論外だとしても、**あまりに何でもかんでも首を突っ込みすぎるのも感心しません**。

私の経験でいえば、子供同士のケンカに関することまで相談に来られた方がいましたが、さすがに不動産屋が口を差し挟むようなことではないと思いましたので、一般的なアドバイスだけにとどめ、ご自身で解決していただくようにお願いしたことがあります。

自分の不動産屋としての立ち位置を見失うことなく、しっかりとバランス感覚を持って対応するようにしましょう。

5 ぜひとも活用したい法律のプロ

実は、不動産屋として仕事をしていると絶対に親密にお付き合いをさせていただくことになる法律のプロがいます。

それは、売買などに伴う所有権移転の登記などをお願いする**司法書士**です。

現役の不動産屋の中にも、司法書士のことを単に登記をお願いする人くらいの認識で捉えている人が多いようですが、彼らは**立派な法律のプロ**です。

難関試験を突破されているだけのこともあって、法律の知識は非常に豊富ですし、さらに特別研修を修了し、法務大臣の認定を受けた司法書士（認定司法書士）に至っては、簡易裁判所での訴訟や民事調停の代理人にだってなることができるのです。

こんな人が身近にいるのに活用しない手はありません。

私自身はまずクレームを発生させないことに全力を注いでいますので、実際に問題解決にご助力いただいたことはまだありませんが、いつでも相談できる人が身近にいることは本当に心強いことです（法律的な解釈の相談などにはしょっちゅう乗ってもらっています）。

また、実際に司法書士に問題解決を図ってもらう場合には、当然のことながら費用はかかりますが、その費用も弁護士に依頼することを思えば格安で済みます。

気軽に、格安の費用で、しかもしっかりとした問題解決を図ってくださる司法書士は不動産屋の信頼できる味方です。

8章

宅建業の
免許を受けよう

1 宅建資格の概要

いわゆる不動産屋のやっているビジネスのことを宅地建物取引業（以下、宅建業）といいます。この宅建業をはじめるにあたって、事務所等に置くことを法律上、義務付けられているのが宅地建物取引士です。

宅地建物取引士は、「重要事項の説明」「重要事項説明書への記名押印」「37条書面への記名押印」といった事務を行ないます。

いずれも取引を行なう上で非常に重要な意味を持つ行為で、このことからも宅地建物取引士が宅建業を営む上で、いかに重要な位置を占めるかは、おわかりいただけると思います。

宅地建物取引士になるためには、

①宅地建物取引士資格試験に合格する

②宅地建物取引士資格試験を実施した都道府県知事の登録を受ける
③登録を受けた都道府県知事から宅地建物取引士証の交付を受ける

という3つのステップを踏む必要があります。

宅建業を営むためには、宅地建物取引士を確保しなければなりませんが、必ずしも宅建業者自身（法人であれば宅建業者の代表取締役自身）が宅地建物取引士である必要はなく、宅地建物取引士を雇い入れることによって確保することもできます。

なお、以前は宅地建物取引士を雇い入れるのではなく、宅地建物取引士の名前を借りて宅建業を営むという行為が横行していましたが、当然、法律にも触れる行為です。絶対にやめておきましょう。

●難しいけど、他の独立系資格よりはずっと簡単

宅地建物取引士資格（以下、宅建）は、法律関連の入門的な資格と捉えられることが多いため、試験の実態をよく知らない方にはとかく軽く見られる傾向がありますが、実際にはそんなに簡単なものではありません。取得するにはそれなりの覚悟も必要です。

このことは、令和4年度の宅地建物取引士資格試験（10月実施分）の合格率が17・0％（合格者は約6人に1人）であったという事実からもご理解いただけるでしょう。

何年も連続で宅建試験に落ち続け、あげくドロップアウトしてしまうような受験生も、少なからずいらっしゃいます。

ただし、法律関連の入門的な資格であることは間違いありません。たとえば最近、人気の高い行政書士資格などから比べれば、3分の1から4分の1程度の労力で、十分取得できます。

また、次項で説明するように、持って生まれた能力などに関係なく、正しい努力を積めば誰でも取得できるレベルの資格であることは確かです。あまり難しく考えず、挑戦していただきたいと思います。

2 宅建資格を取得するための最も効率的な学習方法

宅建試験は確かにそれなりに難しい試験ではありますが、効率的に学習すれば、3カ月程度で取得することも可能です。

ここでは、宅建試験に合格するための学習法を紹介します。

(1)テキストを読む

まずは宅建試験のテキストを、内容を理解しながら読みます。理解しながら読んでいただければ、覚える必要はありません。

宅建試験のテキストを選ぶときのポイントは以下の通りです。

①600ページから700ページくらいのボリュームになっているか?
②あなたにとって読みやすいレイアウトやフォント（書体）になっているか?

③用語を調べるための索引が充実しているか？
④法律改正情報の提供サービスがあるか？

宅建試験のテキストは専門用語や独特の言い回しが多く用いられているため、法律初学者の方にとっては、理解しにくい部分が多く最初は大変かもしれません。しかし、学習を続けていくうちに自然と慣れていきますので、あまり細かいことを気にせず、読み進めるようにしましょう。

(2)過去問を読む

次に、テキストを読んだ箇所に該当する部分の宅建試験の過去問題集を読みます。問題集ではありますが、「解く」のではなく「読む」のだということに注意してください。最初から解こうとするより、まずは読んでいくほうが、よほど学習効率がいいからです。

過去問題集を読む際には、覚えるというより、内容を理解するつもりで読み進めてください。読み進める際には、質より速度を重視して、回数を多く読むようにします。

さらに、過去問題集の読み進め方については、一気にすべての選択肢を読んでから解説を読むというやり方はおすすめしません。１つ選択肢を読んだら、それに対応する解説を読むという具合に、「一問一答式」の要領で読み進めるようにしてください。

過去問題集を選ぶ際のポイントは以下の通りです。

①問題と解答が見開き2ページに収まっているか？
②年度別ではなく、科目別の編集になっているか？
③500問程度の問題が収録されているか？（問題はできるだけ出題年度が新しいものがよい）
④解説が簡潔で、あなたにとってわかりやすいものになっているか？
⑤あなたにとって読みやすいレイアウトやフォントになっているか？

これらすべてを満たす過去問題集は、なかなか見つからないかもしれませんが、できるだけ多くのポイントを満たしているものを選ぶようにしてください。

(3)過去問題集を解く

過去問題集を覚えるくらいまで読み込んだら、次の段階として、いよいよ過去問題集を解いていきます。過去問題集を解いていく際にも、読むときと同じように、一問一答式の要領で解いていくようにしてください。

過去問題集を解いていく際の注意点としては、それぞれの選択肢について単に○×の判断ができるだけでなく、簡単にその根拠がいえるかどうかを確認するようにします。そこまでできるようになっていないと、その選択肢についてしっかりマスターできているとはいえないからです。

なお、いったん過去問題集を解く段階に入っても、8割程度も正解できないようなら、まだ過去問の読み込みが足りていない可能性が高いです。再び、過去問を読む学習に戻ってください。

(4)過去問を消す

学習の最終段階として、試験の2週間くらい前から「これは完全にマスターしたので、もう本試験まで見直す必要がない」と思える問題を消していきます。

こうすることによって、試験直前期にまだ自分が完全にマスターできていない問題の学習に集中できるようにしていくのです。

問題を消す際には、大問単位ではなく、選択肢単位で消していってください。当然、選択肢単位で理解の程度は違うはずだからです。

選択肢を消す際には、番号に×をするのではなく、消したものを読み返すことがないよう選択肢全体に×をするようにしましょう。

以上、4つのステップを確実に実践し、過去問題集では学習できない科目（「法律改正点」と「統計」）の学習をすれば、よほど運が悪くない限り、宅建試験には合格できるはずです。

宅建試験は、過去問題と同じような問題が出題される比率が高いため、このような**過去問題集を中心にした学習が非常に効率がいい**のです。

なお、宅建試験の効率的な学習法等についてさらに詳しくお知りになりたい方は、拙著『過去問で効率的に突破する！「宅建士試験」勉強法』（同文舘出版）もご参照ください。

3 宅建業の免許を受ける

宅地建物取引士試験に合格し、都道府県知事の登録を受け、宅地建物取引士証の交付を受けたとしても、それだけでは宅地建物取引士になれたということに過ぎませんので、宅地建物取引業を営むことはできません。

宅地建物取引業を営むためには、自分が営業しようと思っている地域の都道府県知事（当初から複数の都道府県に事務所を設置する場合には、国土交通大臣）から**宅地建物取引業の免許**を受けなければならないのです。

宅地建物取引士を確保するのは、宅地建物取引業の免許を受けるための要件の1つである専任の宅地建物取引士の設置義務を果たすために過ぎませんので、その点は理解しておいてください。

とはいっても、宅地建物取引士と、宅地建物取引業の営業を行なう事務所が確保できれば、

免許の欠格事由の概要

1．破産手続開始の決定を受けて復権を得ない者
2．一定の事由により免許を取り消され、その取消の日から5年を経過しない者 （免許を取り消された法人で一定の時期に役員等であった者で当該取消の日から5年を経過しないものを含む）
3．一定の事由による免許の取消処分の聴聞の期日及び場所が公示された日から当該処分をする日または当該処分をしないことを決定する日までの間に解散または宅地建物取引業の廃止などの届出があった者で当該届出の日から5年を経過しないもの
4．免許の取消処分の聴聞の期日及び場所が公示された日から当該処分をする日又は当該処分をしないことを決定する日までの間に合併により消滅した法人又は解散又は宅地建物取引業の廃止の届出があった法人（合併、解散又は宅地建物取引業の廃止について相当の理由がある法人を除く）で一定の時期に役員であった者で当該消滅又は届出の日から5年を経過しない者
5．禁錮以上の刑に処せられ、その刑の執行を終わりまたは執行を受けることがなくなった日から5年を経過しない者
6．宅建業法違反もしくは暴力的な犯罪により、罰金の刑に処せられ、その刑の執行を終わり、または執行を受けることがなくなった日から5年を経過しない者
7．暴力団員による不当な行為の防止等に関する法律に規定する暴力団員等でなくなった日から5年を経過しない者
8．免許の申請前5年以内に宅地建物取引業に関し不正または著しく不当な行為をした者
9．宅地建物取引業に関し不正または不誠実な行為をするおそれが明らかな者
10．営業に関し成年者と同一の行為能力を有しない未成年者でその法定代理人が1～7のいずれかに該当するもの
11．法人でその役員または政令で定める使用人のうちに1～7までのいずれかに該当する者のあるもの

※詳細は必ず宅地建物取引業法5条1項をご確認ください。

免許の欠格事由（宅地建物取引業を営むのにふさわしくない者として法律が定める基準のこと）に該当するなどの特別な事情がない限り、誰でも簡単に免許を受けることができますので安心してください。

なお、免許の欠格事由（前ページ表参照）については、宅地建物取引業法5条1項に定められています。ご自身に免許を受けられない可能性のある要素があるかもしれないとお感じの方は、念のため一度、確認してみてください。

4 営業保証金を供託するか、保証協会の会員になるか

宅地建物取引業者は、自ら宅地建物取引の当事者となったり、そのお手伝いをしたりするのですから、その取引の中でお客さんに多大な経済的損失を与えることもありえます。

そこで法律では、そういった事態に備えて宅地建物取引業者が営業を行なう前提として、あらかじめその損失を補てんするために金銭等を供託（担保のために預けることと考えてもらえば結構です）することを義務付けました。

宅地建物取引業者が損失を補てんするために金銭等を供託する方法としては、以下の2つのものがあります。

（1）自ら営業保証金を供託する方法

宅建業者が自ら主たる事務所（本店のこと）の最寄の供託所に営業保証金を供託するという方法です。

主たる事務所以外に従たる事務所（支店のこと）を設ける場合には、従たる事務所の分の営業保証金も合わせて、主たる事務所の最寄の供託所に供託します。

営業保証金の金額は、主たる事務所分で１０００万円、従たる事務所分で５００万円です（もっと安く済ます方法をこの後ご紹介しますので、安心してください）。

なお、営業保証金を自ら供託する場合には、金銭以外に一定の有価証券でも供託することができます。

ただし、有価証券の種類によっては、評価が額面金額より割り引かれます。たとえば、国債であれば評価は額面金額の１００％ですが、地方債や政府保証債ですと評価は額面金額の90％となります。

(2)弁済業務保証金制度によって供託する方法

前述の通り、自ら供託をする場合の営業保証金はかなり高額で、誰もが簡単に準備できる金額ではありません。そこで、もっと金銭的な負担が少なく、宅建業がはじめられる方法が準備されています。

それが弁済業務保証金制度によって供託するという方法です。

弁済業務保証金制度の仕組みは以下の通りです。

①弁済業務保証金分担金の納付

宅建業者が加入しようと思っている宅地建物取引業保証協会に、加入するまでに弁済業務保証金分担金という金銭を納付します。

弁済業務保証金分担金の金額は主たる事務所の分については60万円、従たる事務所の分については30万円となっています。営業保証金の十数分の一ですね。

なお、弁済業務保証金分担金については少額ということもあって、有価証券での納付は認められておらず、金銭のみで納付することになっています。

②弁済業務保証金の供託

宅建業者から弁済業務保証金分担金の納付を受けた宅地建物取引業保証協会は、納付を受けた日から2週間以内に、弁済業務保証金分担金と同額の弁済業務保証金を供託所に供託します。

そして、以降、宅地建物取引業保証協会に加入した宅建業者が、取引において、その相手方に損失を与えた場合には、保証協会が供託している弁済業務保証金がその損失を補てんするための引き当てになるわけです。

以上のように、**弁済業務保証金制度は営業保証金制度に比べるとかなり経済的負担が小さい**ため、小資本で宅地建物取引業をはじめる方のほとんどが弁済業務保証金制度を選択されます。

私自身も、ほとんどお金のない状態で宅地建物取引業をはじめましたので、弁済業務保証金制度を利用するために宅地建物取引業保証協会に加入しています。

宅地建物取引業保証協会に加入するためには、その前提として宅建協会や全日本不動産協会といった宅建業者の団体に加入することになります。

すると、弁済業務保証金制度を利用できるだけでなく、物件情報を検索するためのシステムであるレインズを利用できるようになったり、研修や会報誌などを通じて情報提供を受けられたりするというメリットもあります。個人的には、営業保証金を準備できるだけの資本力があっても、宅地建物取引業保証協会に加入されることをおすすめします。

5 弁済業務保証金制度を利用して宅建業の免許を取得する方法

おそらく、本書の読者の方も弁済業務保証金制度を利用して宅建業の免許を受けられることになると思いますので、ここではその場合の手続きの流れについて簡単に説明します。

なお、実際に手続きされる場合には、ご自身が加入することになる宅建業者の団体の担当の方の指示通りにしてください。免許を受けようとする都道府県知事や加入する宅建業者の団体によって手続きや必要書類等は微妙に異なるからです。

ここでご紹介する手続きの流れはあくまでモデルケースですので、参考までにとどめてください。

(1)免許申請書を作成し、添付書類を準備する

宅建業の免許申請書を作成し、必要となる添付書類を準備します。添付書類は次ページの表の通りです。

添付書類一覧

必要書類	法人	個人
免許申請書（第一面から第五面まであります）	○	○
相談役や５％以上の株主等の名簿	○	×
代表者や専任の宅地建物取引士等の身分証明書	○	○
代表者や専任の宅地建物取引士等の登記されていないことの証明書	○	○
代表者の住民票	×	○
代表者や専任の宅地建物取引士等の略歴書	○	○
専任の宅地建物取引士の設置証明書	○	○
宅建業に従事する者の名簿	○	○
顔写真と専任の宅地建物取引士の顔写真貼付用紙	○	○
法人の商業登記簿謄本又は履歴事項全部証明書	○	×
宅地建物取引業経歴書	○	○
申請直前１カ年分の決算書 (新設法人は開始貸借対照表を添付)	○	×
資産に関する調書	×	○
納税証明書（新設法人は不要）	○	○
誓約書	○	○
事務所を使用する権原に関する書面	○	○
事務所付近の地図	○	○
事務所の写真・間取図・平面図等	○	○
都道府県の証紙等	○	○

(2)免許申請を行なう

上記の必要書類を添付して免許申請を行ないます。

免許申請を行なうと、宅建業者としての欠格事由の有無や事務所等について必要な審査が行なわれます。

この審査には通常、**4週間から6週間**かかり、審査の結果、免許できることになると申請者の事務所宛てに免許の通知がなされます。

(3)宅建協会や全日本不動産協会などに入会する

宅地建物取引業保証協会に加入するために、宅建協会や全日本不動産協会などの宅建業者の団体に入会します。

必要書類を提出すると、入会申請者についての審査が行なわれ、特に問題がなければ入会が承認されます。その上で、入会申請者が、宅建業者の団体や保証協会への入会金や会費、弁済業務保証金分担金などを納付すると、正式に入会ということになります。

ちなみに、宅地建物取引業保証協会に入会して宅建業をはじめる場合の免許取得関連費用の総額は**１２０万円から１８０万円くらい**です。

この宅建業者の団体に納める費用の総額については、「宅建協会や全日本不動産協会などの団体」「各団体ごとの都道府県支部」「都道府県知事免許と国土交通大臣免許」の別などによって異なります。具体的な金額については、必ず入会を希望する団体の都道府県支部などに連絡して確認してください。

（4）宅建業の免許証の交付を受ける

所属することになる宅建業者の団体を通じて宅建業の免許証の交付を受けます。これで晴れて宅建業者として営業を開始することができるようになります。

なお、この営業開始時期については絶対に守ってください。

免許申請から免許証の交付を受けるまでの期間は通常、２カ月以上になりますので、待ちきれなくなる気持ちはわかりますが、営業開始時期を守らなかったことが公になれば、宅建業者の団体への入会の承認が取り消されたり、免許権者から監督処分を受けることにもなりかねません。

おわりに

私は、この本を、「真っ正直なのに、会社内で(あるいは社会で)うまく立ち回ることができず、いつも損ばかりをしていて、あげく会社をリストラされて（あるいはリストラされそうで）、再就職もままならず困っているけれど、自暴自棄にはならず、どんなに苦しくても自分の力で生き抜くことを決意している」、そんなあなたのために書きました。

そういう人にこそチャンスをつかんでもらいたいし、また、その資格があると思うからです。

不動産の業界は、確かに景気がいいわけではありません。多少景気がよくなっても、個人でやっているような不動産屋がそのことを実感できるようになるには、相当時間がかかることでしょう。

しかし、そんな状況の中でも真っ正直なあなたなら、お客さんからの信頼を勝ち取ることができ、「小さな不動産屋」として十分やっていけるものと確信しています。不動産屋は「真っ正直」であることが、成功の度合いに大きなレバレッジをかけるビジネスだからです。

ただし、成功を手にするには1つだけ条件があります。それは、あなたがこの本に書かれていることをできるだけ多く実践し、「策のある不動産屋」となることです。

「真っ正直」な人間に限って、「無策」になりがちです。しかし、策があるということと「真っ正直」であることとは、相反することではありません。お客さんに「真っ正直」なあなたのサービスを利用してもらうためにも、策は持つべきです。

このことさえ守っていただければ、あなたが実務経験ゼロであっても、少なくとも生活をしていくのに十分な収入を得られるようになるはずです。それも、あなた自身が驚くような速さで。

まずは自信を持って、最初の一歩を踏み出してください。

＊

「まあ、人生なんて、こんなものだよ」

なんて変にものわかりよく、自分の人生をあきらめるのは、やめましょう。気持ちさえ折れなければ、70歳になろうと80歳になろうと、逆転するチャンスなんて、いくらでもありますから。

ウソじゃありません。現実に、不動産屋として独立して人生逆転に成功した人が、この10年の間にも数えきれないほどいるのです。

「動かなければ何も変わらないし、動けば何かが変わる」

これは絶対、不変の真理です。

動きましょう。もし、「このままで終わりたくない」という気持ちがほんの少しでもあるのなら。

あなたの人生が、一片の悔いもない満ち足りたものとなることを心より祈念しております。

最後に、大切な時間を使って、この本を最後まで読み通してくれたことに心から感謝を申し上げます。いつか、お客さんから厚い信頼を寄せられる、堂々たる不動産屋となったあなたと取引ができる日が来ることを楽しみにしています。

また、今回も著者以上の愛情でこの本を一緒に育んでくれた妥協なき編集者の戸井田歩さんに、この場を借りて感謝の言葉を述べさせてください。ありがとうございました。

２０２１年11月

松村保誠

『最新版　経験ゼロでもムリなく稼げる!
小さな不動産屋のはじめ方』

読者特典のご案内

①小さな不動産屋のための集客用ホームページチェックリスト28
②見込み客リスト獲得ページ作成法 詳細解説動画
③無料レポート作成法 詳細解説動画
④メールマガジン記載内容 詳細解説動画

読者の皆様に、本書の内容の理解に役立つ特典をご用意しました。
必要とされる方は、今すぐ下記URLより
ご請求ください。
☞ **https://r-marketing.info/rtokuten/**

※本特典に関するお問い合わせは、スマート・ライフ・コンサルティング（info@r-marketing.info）までお願いいたします。
※この特典は、予告なく内容を変更・終了する場合がありますことをご了承ください。

著者略歴

松村保誠（まつむら　やすせい）
スマート・ライフ・コンサルティング代表
１級ファイナンシャル・プランニング技能士、行政書士資格者（未登録）、宅地建物取引士
1971年大阪府生まれ。同志社大学経済学部卒業。書店、不動産会社勤務を経て、2005年８月にＦＰ事務所スマート・ライフ・コンサルティングとスマート（宅建業）を立ち上げる。お金も、人脈も、コネも、事務所もない状態からスタートしながら、ＦＰとしての見識を活かした独自の手法で集客を行ない、ビジネスを軌道に乗せた実績を持つ。現在は、宅建業者としての営業を継続する傍ら、不動産実務講座・職業訓練講座・資格講座などを通じて、お客さん本位の提案ができる有能な不動産実務者の指導・育成に力を注いでいる。
著書に『低予算でもムリなくムダなく集客できる！　小さな不動産屋の儲け方』『過去問で効率的に突破する！「宅建士試験」勉強法』（同文舘出版）がある。

不動産独立＆集客サポートサイト
http://r-marketing.info/

［お問い合わせ］
スマート・ライフ・コンサルティング
〒567-0067　大阪府茨木市西福井３丁目19-7-22
TEL:072-628-4433　FAX:072-641-5493
E-mail：info@r-marketing.info

最新版　経験ゼロでもムリなく稼げる！
小さな不動産屋のはじめ方

2021年11月19日　初版発行
2023年11月１日　３刷発行

著　者――松村保誠
発行者――中島豊彦
発行所――同文舘出版株式会社
東京都千代田区神田神保町1-41　〒101-0051
電話　営業03(3294)1801　編集03(3294)1802
振替　00100-8-42935　https://www.dobunkan.co.jp

©Y. Matsumura　ISBN978-4-495-59652-1
印刷／製本：三美印刷　Printed in Japan 2021